Mit Psalmen beten

Fridolin Stier

Mit Psalmen beten

Herausgegeben von
Eleonore Beck

Verlag
Katholisches Bibelwerk

Die Deutsche Bibliothek – CIP-Einheitsaufnahme

Mit Psalmen beten / Psalmenübers. von Fridolin Stier. Hrsg. von Eleonore Beck. –
Stuttgart: Verl. Kath. Bibelwerk, 2001
ISBN 3-460-32050-8

Quellennachweis:

Die ergänzenden Texte zu den
Psalmen 2, 5, 7, 8, 11, 15, 16, 17, 18, 24, 42,
46, 51, 74, 75, 80, 90, 93, 96, 126, 130, 139
sind entnommen dem Buch
Fridolin Stier, „Vielleicht ist irgendwo Tag ...",
Herder/Spektrum Bd. 4234. Verlag Herder, Freiburg,
9. Gesamtauflage 1997.

Die anderen ergänzenden Texte stammen aus dem
unveröffentlichten Nachlass Fridolin Stiers.

1. Auflage 2001

Layout und Satz: Wolfgang Sailer, Oberboihingen
Herstellung: Druckerei Röck, Weinsberg
Printed in Germany
ISBN 3-460-32050-8

Inhalt

Bitten und Danken

Mein Gott

Ich-bin-da

Singt neue Lieder

Annäherungen

I.

Das Buch der Psalmen gehört zur Sammlung der Bücher, die das Judentum als den Glauben dokumentierend und begründend erkannte und dem Kanon der Heiligen Schrift zurechnet. Als die nachösterliche Christengemeinde sich nach einem schmerzlichen Prozess von der jüdischen „Mutter" trennte, behielt sie als heiliges Erbe, mit den Büchern des Ersten (des „Alten") Testaments auch die Psalmen, die seit dem Abendmahl ein tragendes Element ihres Gottesdienstes waren.

Der Psalter – hundertfünfzig Einzeltexte – scheint denen, die mit den literarischen Gewohnheiten jüdischer Schriftgelehrsamkeit nicht vertraut sind, als eine willkürlich hintereinander gereihte Sammlung. Die Sprach- und Schriftgelehrten dagegen entdecken Bezüge, inhaltliche Anknüpfungen, übergreifende Strukturen, literarische Muster, die auf die gestaltende Hand eines Redaktors hinweisen. Danach wäre das Buch der Psalmen nicht eine Sammlung, in der jeder Einzeltext die eigene Aussage vertritt, sondern ein von einem Bearbeiter konzipiertes Gesamtwerk, in dem jeder Einzeltext mit dem anderen verkettet ist.

Der Psalter – ein Buch, das Geschichte machte und macht: das älteste und meist gebrauchte Gebetbuch. Ob jüdisch gemurmelt oder gregorianisch gesungen, die Gebetsgemeinschaft überdauert alles Gegeneinander.

Im Tempel zu Jerusalem erklangen dieselben Lieder wie in den römischen Katakomben, in den Synagogen der weltweiten Diaspora betet man mit denselben Worten wie in den Kapellen und Kathedralen der christlichen Völker. An der

Klagemauer murmeln die Frommen dieselben Worte in Gottes Ohr wie sie in den klösterlichen Gemeinschaften und an den heiligen Orten der Christenheit rezitiert werden. Wer immer in der Gemeinschaft oder im verborgenen Winkel Psalmen betet, eint die eigene Stimme mit dem Chor der Vielen: Gemeinschaft im Loben und Danken.

II.

Die Psalmen, hundertfünfzig Texte, Poesie oder rhythmische Prosa, Bekenntnisse und Fragen, Hymnen und Lehrtexte, Erfahrungsberichte und Gottesträume, Klagelieder und Lobgesänge, Gelübde und Beschwörungen, Racheschwüre und Siegeslieder, Fluch und Segen, Hoffnung und Verzweiflung, Realität und Utopie … Eine merkwürdige Welt in der der Mensch ganz selbstverständlich mit Feinden rechnet, Männer Waffen tragen und auch Gott seine Kriege führt und seine Siege erkämpft. Eine Welt in der Naturgewalten wüten und den Menschen in seine Grenzen weisen. Eine Welt der Fragen und der undurchdringlichen Dunkelheiten, des Zweifelns und der Rebellion, der Auflehnung und des Protestes. Aber auch eine Welt der zärtlichen Gefühle, der Begegnungen, und der Freundschaft, des ungeschuldeten Vertrauens und des geschenkten Glücks, des offenen Herzens – eine Welt der Geliebten und der Liebenden.

Die ganze Palette menschlicher Grundbefindlichkeiten kommt zur Sprache. Darum konnten die Kirchenväter das Buch der Psalmen mit einem Spiegel vergleichen, in dem jeder sich selbst, die eigene Rolle erkennen und zuordnen kann.

Für die Menschen, die wir in den Psalmen hören, ist die Beziehung zu Gott der „feste Punkt" von dem aus sie die Welt bewegen. Menschen, die den lebendigen Gott nicht irgendwo im unzugänglichen Himmel, sondern in der eigenen Lebensgeschichte orten.

Ein Mensch wird krank. Er weiß, wer ihm das Übel zubestimmt: „Deine Pfeile haben mich getroffen" (Ps 38,3). Und er kennt auch den Grund: „Meine Sünden lasten schwer auf mir" (Ps 38,5). Auch die Nächsten verlassen ihn. Er wendet sich an Gott, denn er weiß, dass bei ihm nicht das Gesetz von Unrecht und Strafe gilt, sondern das des Erbarmens: „Eile mir zu Hilfe, du mein Heil!" (Ps 38,23).

Weil es in den Psalmen um Grundmenschliches geht, sind alle angesprochen. Auch wir, die zu Beginn des dritten Jahrtausends nach Jesu Geburt von uns sagen: Wir haben gelernt wie die Vögel zu fliegen und wie die Fische zu schwimmen, aber im geschwisterlichen Miteinander sind wir Anfänger geblieben (vgl. Martin Luther King).

Gewiss, wir wissen viel vom Werden und Vergehen der Schöpfung, wir kennen unseren Planeten, die Bedingungen und Gefährdungen des Lebens besser als die Früheren. Doch auf die großen Menschheitsfragen nach dem Warum und Wozu, nach Wesen und Sinn haben wir keine Antwort, die über die der biblischen Psalmenbeter hinausreicht. Sie bringen ihre Erfahrung ins Wort und erleben, wie die Klage vor Gott zum ersten Schritt aus der Enge der Angst wird, zum Schritt in Richtung „Hoffnung". Die Zeugen menschlicher Hilflosigkeit werden zu Zeugen der anderen Wirklichkeit, die Vertrauen lehrt. Sie sagen uns Worte wider die Angst: „Du hältst mich an meiner Rechten" (Ps 63,9). „Du bist bei mir" (Ps 23,4). „Du richtest mich auf" (Ps 3,4). „Du bist mein Fels, meine Burg" (Ps 31,4). „Du hast mein Klagen in Tanzen gewandelt" (Ps 30,12).
„Du"-Sätze, der Gottlosigkeit ins Angesicht.

Wer so mit Gott redet, ihm Anteil gibt am eigenen Leben, begegnet ihm nicht mehr nur als dem Allmächtigen, Allgewaltigen, der, erhaben über alles Geschaffene die Lose wirft und die Geschicke zuteilt. Er erfährt ihn tröstlich nah als den, von dem Augustinus sagt, seine größte Sehnsucht sei der Mensch.

Die Frommen, denen wir in den Psalmen begegnen, machen den Weisheits- und Gesetzeslehrern keine Konkurrenz. Psalmen beten kann, wer dem Netz von Zuwendung traut, das Leben sichert, Quellen sprudelnden Wassers schenkt und Luft zum Atmen. Das Vertrauen lehrt die Verlassenen ihre Not zu sagen. Worte, die fern von der zerredeten Sakralsprache, aus dem Herzen kommen, Such-Worte, Signale der Sehnsucht nach dem verlorenen „Du".

III.

Das Buch der Psalmen wuchs jahrhundertelang. Seine Endgestalt erhielt es mit der Aufnahme in Israels heilige Schriften (Synode von Jamnia 90 n.Chr.). Von da an ist die Geschichte des Psalters, Geschichte des Abschreibens, der Übersetzung und der Deutung. „Übersetzung" meint in diesem Fall mehr als ein Tauschgeschäft, das sich darauf beschränkt, ein Wort aus der einen Sprache durch ein entsprechendes aus einer anderen zu ersetzen. Es geht ja nicht nur um Worte, es geht um den Sinn. Den Anfang bildeten die Maßstäbe setzende Übertragung in die Weltsprachen griechisch und Latein (die Septuaginta und die Vulgata). Später, in der Zeit der Bücher, wird die Bibel in alle lebendig gesprochenen Sprachen der Welt übersetzt. Denn nur wenn der Text den Menschen in seiner jeweiligen Situation erreicht, kann er als Angebot im Gespräch zwischen „oben" und „unten" verstanden werden. Die Übersetzer spielen in diesem Prozess nicht nur eine Nebenrolle.

Fridolin Stier, seit 1946 Professor für Altes Testament an der katholisch theologischen Fakultät der Universität Tübingen, gehört zu denen, für die solches Übersetzen zum Auftrag wurde. Er war kein Professor wie er im Buch steht. Die Vermittlung von Wissen à la carte, logisch dargeboten, leicht zu lernen, war nicht seine Sache. Das pro und contra des gelehrten Disputs interessierte ihn nur am Rand. Das Mitteilenswerte begann für ihn mit dem Wort, mit seiner Botschaft im ursprünglichen Kontext. Dem Wort, das Zustimmung fordert, Widerspruch und Ablehnung provoziert, in jedem Fall Antwort verlangt. Antwort, die sich nicht dem Angebot der schriftgelehrten Deuter der Vergangenheit (und der Gegenwart) zuordnet, sondern sich an der Intention des Gesprochenen messen lassen muss. Fridolin Stier scheute die Suchwege nicht und nahm es in Kauf, dass die allermeisten von ihnen mit Fragesätzen endeten – wenn es nur gelang, dass das, was als „Lehrstoff" zu vermitteln war, vom Reden „über" zum Reden „mit" wurde.

Die Suche nach dem Wort brachte ihn zum Übersetzen. Dabei ging es ihm nicht um die Bestätigung von Glaubenssätzen oder theologischen Lehrmeinungen, die zuweilen der Stütze durch die Schrift bedürfen. Auf der Suche nach dem einen, sinnträchtigen Wort zog er wie ein Rutengänger durch die Sätze, sensibel für jedes Erkennungszeichen.

Um der Wahrheit des Menschen willen konnte er Gott nicht aus der Pflicht zur Antwort entlassen. Um der Wahrheit Gottes Willen konnte er sich und den anderen seinesgleichen kein „frömmelndes", buchstabenverfallenes Hinwegtäuschen gestatten. Er wollte seinen Studenten nicht „objektives" Abfrage-Wissen vermitteln, sondern eher einen Eindruck: Betroffenheit, Staunen, Erschrekken, Neugier, Zögern, Furcht und Liebe.

Jakobs Kampf am Jabok (Gen 32), die Protestreden des Ijob, Geschichte und Geschick des Propheten Jeremia – das waren seine Texte. Und immer wieder das Buch der Psalmen.

Er übersetzte einzelne Psalmen für liturgische Feiern, Vorträge, Aufsätze für Kalender, Rundfunk und Gebetbücher. Er veröffentlichte in der Reihe „Die gesprochene Schrift – eine Schallplatte".

Die hier gesammelten Psalmen stammen aus dem Nachlass. Einzelnen Texten merkt man ihre ursprüngliche Bestimmung an. Sie entstanden nicht alle zu derselben Zeit – doch allesamt sind sie geprägt vom Sprach- und Gestaltungswillen eines Engagierten.

Fridolin Stier wurde geboren am 20. Januar 1902 in Karsee im Allgäu. Er starb am 2. März 1981 in Tübingen.

Paul Böhringer, Freund und Verleger, schrieb zu seinem Tod: „Wenn ich nach Stier gefragt wurde und werde, müsste ich nach vielseitigen Ausdrücken suchen: Barock, Bauer, Schauspieler, Zauberer, Expressionist, Sprachschöpfer, Buber-Freund und er war mehr und anders. Seine Ehrfurcht vor der Sprache kam nicht nur aus einem Hang zur wissenschaftlichen Sauberkeit, sondern war durch ihn Träger der Offenbarung. Er glaubte das Wort ..."

Von solchem „Glauben" spricht eine von Martin Buber erzählte Chassidische Geschichte. Fridolin Stier hat sie gekannt und – nicht nur einmal – erzählt:

Ein gelehrter Mann, ein „Aufgeklärter", kam zum Rabbi von Berditschew mit der Absicht, durch den Einsatz seiner „Beweise" die Überlegenheit des eigenen Glaubens über den des Rabbi zu erweisen.

Er kam in das Zimmer und fand den Rabbi, der – ein Buch in der Hand – begeistert durch das Zimmer ging. Er hatte keine Augen für den Fremden. Als er ihn schließlich wahrnahm, blieb er stehen, sah ihn an und sagte: „Vielleicht ist es aber wahr …“

Der glaubenssichere Fremde vergaß seine Argumente, seine Selbstsicherheit schwand; der einfache Satz drang ihm durch Mark und Bein. Dann wandte sich der Rabbi dem Fremden zu: „Mein Sohn, die Großen der Thora, mit denen du gestritten hast, haben sich vergeblich um dich gemüht. Sie konnten dir Gott und sein Reich nicht auf den Tisch legen und auch ich kann es nicht. Aber, mein Sohn, bedenke, vielleicht ist es wahr“.

Der gelehrte Mann mit all seinen Argumenten und Überzeugungen vermochte dem Rabbi nichts zu entgegnen. An dem furchtbaren „vielleicht“, das ihm der Rabbi Mal um Mal entgegen hielt, brach sein Widerstand.

Fromme und Frevler

Glücklich ist …

Ich fürchte mich nicht

Du läßt mich im Sicheren wohnen

Bei dir geborgen

Am Morgen

Hilf doch

Keiner, der Gutes tut

Jahwe – Gott ist mit uns

Glücklich ist …

Psalm 1

1 Selig zu preisen der Mann,
der nicht nach dem Rat der Frevler geht,
sich auf den Weg der Sünder nicht stellt,
am Sitze der Spötter nicht sitzt!
2 Nein, seine Lust hat er an der Weisung des Herrn,
seine Weisung besinnt er Tag und Nacht,
3 und er ist wie ein Baum,
gepflanzt an Wassergraben,
der seine Frucht bringt, je zur Zeit,
des Laub nicht welkt.
Und all sein Schaffen gerät ihm gut.
4 Nicht so der Frevler!
Nein, wie Spreu sind sie,
die Wind verweht.
5 Drum halten die Frevler nicht stand im Gericht,
Sünder nicht in der Gemeinde der Gerechten.
6 Denn wahrnimmt der Herr den Weg der
Gerechten,
der Weg der Frevler geht nirgendwohin.

Worin besteht das Glück dieses Mannes? Ein altes Mißverständnis hört in diesem Psalm den Pharisäer, den Geist ichgläubiger Gesetzesfrömmigkeit. Indessen: Als Glück wird gepriesen: das Leben in der „Lehre“ Jahwes. Und die besteht nicht nur in der „Lehre“, nicht nur in der Kundgabe des Gotteswillens im „Gesetz“. Sie umfaßt auch die Kunde von den Taten Gottes in der Geschichte Israels. Beides, Gottes Wollen und sein Werk, bezeugen die Heiligen Schriften und es ist eine „Lust“, in ihnen der Wirklichkeit Gottes inne zu werden. Dazu kommt das andere Glück – nicht unbedingt als Folge oder gar Lohn des in sich selbst schon beglückenden Seins in der Lehre – das Sein wie ein immergrünender und fruchtender Baum – das volle gesegnete Leben.
Der Psalm ist nicht der pharisäisch-legalistische Vorspruch des Psalters. Sein Motivwort ist „Glück“: „O glücklich Leben des Mannes“.

Ich fürchte mich nicht

PSALM 3

1 Ein Psalm Davids auf der Flucht
vor Abschalom, seinem Sohn.
2 Jahwe, wie viel sind meiner Bedränger geworden,
viele, die gegen mich aufstehn,
3 viele, die gegen mich sagen:
Es gibt keine Rettung für ihn bei Gott.
4 Doch du, Jahwe, als Schild bist du mir um,
bist meine Ehre und hebst mein Haupt empor.
5 Lautauf ruf ich zu Jahwe,
und er antwortet mir vom heiligen Berg.
6 Ich legte mich und schlief,
erwacht bin ich, da Jahwe mich beschirmt.
7 Ich fürchte mich nicht vor der Menge Volks,
das rings mich umstellt.
8 Steh auf, Jahwe!
Rette mich, mein Gott!
Ja, du hast all meinen Feinden ans Kinn
geschlagen,
hast der Bösewichte Zähne gebrochen.
9 Jahwe ist Rettung!
Auf deinem Volk sei dein Segen!

Die Situation dieses Psalms – typisch oder einmalig, in beiden Fällen dem Bürger des 20. Jahrhunderts fremd … es sei denn, er öffne die Augen und erkenne um sich herum die tausendfältigen Gefährdungen seines Lebens, und erfahre seine Ohnmacht, sich der bösen Machenschaften eines mörderischen Zeitalters zu erwehren.
Die Stumpfen merken nichts, die Wachen aber suchen ihre Angst zu betäuben; der Psalmist hält sich der Wirklichkeit offen und weiß sich rettungslos verloren, wenn ihm der Herr nicht hilft.

Du läßt mich im Sicheren wohnen

Psalm 4

1 Dem Chorleiter. Mit Saitenspiel. Ein Psalm Davids.
2 Wenn ich rufe, antworte mir,
Gott meines Heils.
Im Engen hast du mich ins Weite gebracht,
sei gütig zu mir und höre mein Gebet.
3 Ihr Herrensöhne, wie lange noch wird meine
Ehre geschmäht,
schätzt ihr Hohlheit, macht ihr Lüge?
4 So wißt: ausgesondert hat Jahwe sich den Treuen.
Jahwe hört, wenn ich rufe zu ihm.
5 Erzittert auf dem Lager
und sündigt nicht.
Bedenkt es, besprecht es im Herzen und schweigt.
6 Opfert rechte Opfer,
steht zuversichtlich zu Jahwe.
7 Viele, die sagen: Wer gibt uns Gutes zu sehen?
verhüllt ist über uns das Leuchten deines
Angesichts, Jahwe.
8 Du schenkst Freude mir ins Herz:
größere, als wenn Korn und Most sich mehren!
9 Im Frieden will ich mich legen
und zugleich schlafe ich ein.
Denn du Jahwe, du allein
läßt mich im Sicheren wohnen.

Ein Glaubender ist in Not. Seine Ehre steht auf dem Spiel. Nicht nur die seine. Denn: Wenn Jahwe ihn im Stich läßt, sein Vertrauen enttäuscht, seinem Frommen nicht hilft, wird er selbst unglaubwürdig. Wenn Jahwe seinem Chasid nicht zu Hilfe kommt, werden die „Herrensöhne“ mit ihren leeren und lügnerischen Argumenten Recht behalten. Sie sollen erfahren, daß Gott seinem Chassid beisteht und daß der Fromme erhört wird, wenn er ruft. Wir hören hier nicht, wie vielfach angenommen wird, einen Angeklagten, der bittet. Hier redet ein Frommer, der die anfechtenden Reden der „Herrensöhne“ zurückweist.

Bei dir geborgen

Psalm 11

1 Dem Chorleiter. Von David.
In Jahwe bin ich geborgen.
Wie könnt ihr zu meinem Leben sagen:
Flücht ins Gebirge wie ein Vogel!
2 Ja, schon spannen die Frevler den Bogen,
richten den Pfeil auf der Sehne,
im Dunkel zu schießen auf Herzensgerade.
3 Werden die Grundstöcke niedergerissen –
was wird er, der Gerechte, dann tun?
4 Jahwe – in seinem heiligen Tempel,
Jahwe – in den Himmeln sein Thron:
Es schauen seine Augen,
es prüfen seine Wimpern die Adamssöhne.
5 Jahwe den Gerechten prüft er und den Frevler,
den Gewaltliebenden haßt sein Leben.

6 Regnen läßt er auf Frevler
feurige Kohlen und Schwefel,
und rasendes Stürmen
ist ihres Bechers Teil.
7 Ja, gerecht ist Jahwe, gerechtes Tun er liebt.
Der Rechtschaffene wird schauen sein Angesicht.

16. Oktober 1973

Ad te de luce vigilo – zu dir erwach ich in der Früh – ich „sehe" dich, ich fühle dich, ich schaudere, du und der Tod – ich seh euch zusammen! Könnte es sein, daß du mit uns das Nichts im Sinne hast?
Niemals. Wenn du „mein" Gott bist. Aber du – Gott!, du zeigst mir Dinge, die „mein" Gott nicht macht, du erschreckst mich mit Werken, die „mein" Gott nicht tut,
du führst mich Wege, auf denen ich „meinem" Gott nicht begegne …

Am Morgen

Psalm 5

[1] Dem Chorleiter. Zu den Flöten. Ein Psalm Davids.
[2] Auf meine Worte horch, Jahwe,
hab acht auf mein Reden,
[3] merk auf mein lautes Gestöhn,
mein König und mein Gott!
Denn dich fleh ich an,
[4] Jahwe, am Morgen hörst du meine Stimme,
am Morgen leg ich es dir vor,
und spähe.
[5] Denn ein Nicht-Gott hat am Frevler Gefallen,
bei dir aber gastet kein Böser.
[6] Nicht dürfen Prahler vor Augen dir treten,
du haßest alle Unheilstifter.
[7] Hinschwinden läßt du die Lügenverkünder,
vor dem Mann, der's mit Götzen und Truggebild
hält,
greult es Jahwe.
[8] Ich aber, in der Fülle deiner Huld, ich komm
in dein Haus,
ich werfe zu deiner heiligen Halle mich nieder,
in Ehrfurcht vor dir,
[9] Jahwe, führ mich in dein Heil,
um meiner Anfeinder willen,
mach gerade vor mir deinen Weg!

[10] Denn nichts ist gegründet in so eines Mund,
sein Inleib von Verheerendem voll,
ein offenes Grab ist ihr Schlund,
mit ihrer Zunge bereiten sie Tod.
[11] Laß büßen sie, Gott,
ihre Ränke sie fällen,
ob ihrer Frevel Fülle stoß sie hinab!
Denn dir bieten sie Trotz.

[12] Aber freuen sollen sich alle,
die in dir geborgen,
ewiglich jubeln!
Und du sollst sie umhegen,
sie beglücken in dir,
die deinen Namen lieben,
[13] denn segnen den Gerechten wirst du, Jahwe,
wie mit einem Schild ihn umringen mit Gnade.

16. Oktober 1973

Es ist mir zur Gewohnheit geworden, ein Reflex geradezu, alle Morgen, gleich mit dem ersten wachen Augenblick, des Todes zu gedenken. Nicht daß ich mir „ihn" vorstellen müßte, ihn ins Bewußtsein zu rufen hätte – er ist einfach da, dem Strahl der Morgensonne gleich, die durch den Vorhang scheint. Er kommt konkret. Ich denke der Toten dieser Nacht – droben in den Wachstationen der Kliniken, in den Kühlschränken der Pathologie, in den chambres séparées der Friedhofskapelle … der getöteten Männer auf den Golanhöhen, um den Sinai. Und er läßt mir all die Geliebten erscheinen – von Angesicht zu Angesicht, sehe ich ihre Augen, ich höre ihre Stimme, ich fühl ihre Hand.

Hilf doch

Psalm 12

[1] Dem Chorleiter. Nach der Achten.
Ein Psalm Davids.
[2] Hilf doch, Jahwe!
Denn erledigt ist der Rechtgewillte;
dahin die Treuen unter den Adamskindern!
[3] Unwahr reden sie einer zum andern,
die Lippe glatt, mit zweierlei Herzen reden sie.
[4] Ausrotte Jahwe alle glatten Lippen,
die großtuerisch redenden Zungen,
[5] sie, die da sagen:
Durch unsere Zungen übermächtigen wir,
unsere Lippen stehn uns bei! Wer ist Herr über
uns?
[6] Ob der Plünderung der Bedrückten,
ob des Ächzens der Armen steh ich jetzt auf,
spricht Jahwe, ich setze ins Heil den Bestöhnten.

[7] Die Worte Jahwes sind lautere Worte,
Silber, geschmolzen am Stollen der Erde,
siebenfältig ausgeschlackt.

[8] Du, Jahwe, du wirst sie wahren,
uns hüten allzeit vor diesem Geschlecht.
[9] da ringsum Frevler sich ergehen,
je mehr Gemeinheit hochkommt
unter den Adamskindern.

Das Glück der Gottverächter ist für den Beter Ärgernis genug. Doch noch anstößiger ist für ihn, daß er, der die Lauterkeit seines Herzens, seine Unschuld vor Gott beschwören kann, ein – vielleicht von schwerer Krankheit – geschlagener Mann ist. Warum? Ein „Gezüchtigter" – wofür? Was ist das für ein Gott, der für sich selbst, allem ihm Angeglaubten zuwiderhandelnd, den Glauben seiner getreuesten Knechte ad absurdum führt? Ein ganz Anderer, ein ethisch indifferenter, ein „ambivalenter", auch Böses wirkender Gott? Auf diesem Höhepunkt seines Leidens um die Bewahrung und Bewährung seines Gottes, wäre er beinahe gescheitert. Daran, daß er versucht war, die Reden jener Leute von dem Gott, der nichts weiß und nichts tut, nachzusprechen. Zumal sie ja wahr ist – die Wahrheit des von ihnen wie von ihm selbst erfahrenen Lebens …

Keiner, der Gutes tut

PSALM 14

1 Dem Chorleiter. Von David.
Der Tor spricht in seinem Herzen:
Da ist kein Gott!
Verderbt, abscheulich ist ihr Treiben,
keiner da, der Gutes tut.
2 Vom Himmel her
lugt Jahwe auf Adams Kinder
zu sehn, ob da ein Kluger,
ob einer da, der fragt nach Gott:
3 Allsamt sind sie abwegig, entartet zumal,
keiner da, der Gutes tut, kein einziger!

4 Wissen all die Unheilstifter nicht:
Die sein Volk auffressen –
sie fressen das Korn Jahwes,
das sie nicht eingeheimst.
5 Erschaudert, erschrecket gewaltig;
denn Gott ist im Kreis der Gerechten.
6 An der Sorge des Gebeugten geht ihr zuschanden;
denn Jahwe ist seine Bergung!

7 O daß von Zion käme die Rettung Israels!
Wenn Jahwe zuwendet die Wendung seines Volks –
dann jubelt Jakob, wird sich freuen Israel!

Wenn Er da ist, kann ich nicht „über" Ihn reden, als wäre Er nicht da. Nicht einmal über einen anwesenden Menschen vermag ich zu reden, als wäre Er abwesend. Selbst wenn er taub und blind wäre – ich vermöchte es nicht. Er aber ist gegenwärtig. Sie glauben, sie lehren zu glauben und zu bekennen. Er sei allgegenwärtig, im Himmel und auf Erden, allüberall zugleich. Auch sehe und höre Er alles – und dennoch unterreden sie sich, dozieren und diskutieren sie oft über Ihn, wie über ein Etwas, einen Gegenstand, ein Objekt, wie über ein Pferd oder ein Möbelstück. So über Ihn zu reden vermag ich nicht; denn Er – Er! – ist „nicht der Gott der Philosophen".

Jahwe ist mit uns

Psalm 46, 1–12

1 Dem Chorleiter. Von den Söhnen Korachs.
Nach der Weise: „Mädchen“.
Ein Lied.
2 Der Herr ist uns Bergung und Macht;
als Hilfe in Drangsalen viel bewährt.
3 Drum fürchten wir nicht,
ob taumelt die Erde, ob wanken die Berge
im Herzen des Meeres.
4 Ob toben, tosen seine Wasser,
die Berge beben, ob seinem Prahl:
Jahwe der Scharen ist mit uns,
die hohe Burg uns Jakobs Gott!

5 Ein Strom – seine Arme erfreuen Gottes Stadt,
die heiligste der Wohnungen des Höchsten.
6 Der ist ihr mittinnen, drum wankt sie nicht.
Ihr hilft der Herr zur Morgenfrüh.
7 Toben Völker, wanken Reiche –
er donnert drein, da wogt die Erde.
8 Jahwe der Scharen ist mit uns,
die hohe Burg uns Jakobs Gott!

2. Februar 1973
Mariä Lichtmess

Wenn Er ist, sieht er mich vielleicht an meinem Schreibtisch sitzen, wie ich hinter ihm hersinne – ohne Unterlass, und des Sinnens oft müde. Er muss es doch sehen, wie ich im Anblick eines Baumes, von einer plötzlichen Witterung seiner Nähe berührt, den Atem anhalte und stehenbleibe, auf den Fleck gebannt, wie einer der eben „etwas“ gesehen oder von etwas, das er nicht sieht, gestreift worden ist. Vielleicht wird Er ein wenig Erbarmen mit mir haben.

9 Geht und schaut die Taten Jahwes,
der Schauriges auf Erden schafft:
10 Den Garaus dem Kriege macht
bis an das End' der Erde,
den Bogen bricht, den Speer zerspellt,
die Wagen im Feuer zerbrennt.
11 Laßt ab! Erkennt:
nur ich bin Gott,
hoch bei den Völkern, hoch auf der Erde:
12 Jahwe der Scharen ist mit uns,
die hohe Burg uns Jakobs Gott!

Ohne Datum

Vielleicht auf Wangerooge,
wo abends viele Lerchen
steigen.
An das äußerste Ende
gekommen
an den Abgrund geraten
von den Wörtern verlassen –
nur noch umflügelt von
Lauten
leisen, auch sie schon
ersterbend
lauschend geworden
entlauteten Worten
sich sagenden Seins –
da schwang sich empor
in die blaue Leere und
sang –
hörst du sie singen? –
die Lerche!

Fragen und Klagen

Einer, der an Gott leidet

PSALM 73

Nur der homo religiosus leidet an Gott. Der säkulare Mensch leidet nicht an ihm. Unser Psalmist nimmt Anstoß am „Heil der Gottesverächter". Es erregt ihn, als er sieht, daß Gott gut auch zu denen ist, die ihn verachten (V 3). Gesund und reich, satt und sorglos – so leben diese Leute … Er beobachtet sie scharf: In ihrer Hoffahrt und Gewalttätigkeit, mit denen sie Staat machen wie mit Halsschmuck und Kleid, sieht er die Fülle ihres Wohlstandes (V 6 „darum").
Er sieht, wie sich in ihren fettgepolsterten Augen ihr Inneres, Wunschträume ungeregelter Triebe spiegelt. Und er hört ihre Gott- und Menschen verachtenden Reden (V 8) …
Das Glück der Gottverächter ist für den Psalmisten Ärgernis genug, noch anstößiger

1 Ein Psalm Asafs.
Gewiß, gut ist Gott zu Israel,
zu denen, die lauteren Herzens!
2 Ich aber: Fast bogen ab meine Füße,
schier traten meine Schritte ins Leere.
3 Denn neidisch war ich auf die Prahler,
da ich das Heil der Frevler sah.
4 Denn für die gibt's keine Qualen,
gesund und feist ist ihr Wanst.
5 In Menschenmühsal sind sie nicht,
des Menschen Plage trifft sie nicht.
6 Darum schmückt Hoffart ihren Hals,
hüllt sie Gewalt wie eine Tracht,
7 tritt aus Fett ihr Blick hervor
ziehn drüber hin des Herzens Eingebilde,
8 reden sie von unten voll Bosheit,
reden sie Verkehrtes von oben,
9 setzen an den Himmel ihr Maul,
ergeht sich ihre Zunge auf Erden.
10 Drum kehrt mein Volk sich ihnen zu,
schlürfen sie Wasser in Fülle
11 und sprechen: Wie wüßte es Gott?
Gibt es ein Wissen beim Höchsten?
12 Ja, die da: Frevler sind sie,
doch in Frieden all die Zeit, zu Macht gelangt!

13 Gewiß, umsonst hielt ich lauter mein Herz
und wusch meine Hände in Unschuld!
14 Und war doch geplagt den ganzen Tag,
gezüchtigt Morgen um Morgen.
15 Hätt ich gesagt: Auf, ich erzähl, wie das ist!
Verraten hätt ich deiner Söhne Geschlecht.

16 Da ich gedachte, dies zu erkennen –
Qual war es in meinen Augen,
17 bis ich in Gottes Heiligtümer kam,
ich auf ihr Letztes merkte:
18 Nur auf Schlüpfriges stellst du sie,
läßt sie in Täuschungen fallen.
19 Wie werden im Nu sie zu Schauder,
sind hin, sind fertig vor Schrecken!
20 Wie einen Traum nach dem Aufwachen,
mein Herr
wenn du dich rührst, verwirfst du ihr Bild.

21 Da es sauer im Herzen mir war,
es in die Nieren mich schnitt
22 war dumm ich und wußte nichts,
ein Vieh war ich bei dir!

23 Und bin doch stets bei dir,
du hältst meine Rechte gefaßt,
24 in deinem Rate lenkst du mich,
nimmst mich zuletzt in Herrlichkeit dahin.

25 Wen habe ich in den Himmeln?
Bei dir doch – verlangt mir nach der Erde nicht.
26 Schwindet hin mein Fleisch und Herz
mein Fels und Teil ist Gott – in die Zeit der Zeiten.
27 Denn so ist's: Die fern von dir, gehen zugrunde,
stumm machst du jeden, der mit dir bricht.
28 Ich aber: Gott nahen ist mir das Glück!
In meinen Herrn, Jahwe, setze ich meine Bergung,
um zu erzählen all deine Waltungen.

ist, daß er, der die Lauterkeit seines Herzens, seine Unschuld vor Gott beschwören kann, – ein (vielleicht von schwerer Krankheit) geschlagener Mann ist. Warum? Ein Gezüchtigter – wofür? (V 13).
Was ist das für ein Gott, der selbst allem ihm angeglaubten zuwiderhandelt, den Glauben selbst seiner getreuesten Knechte ad absurdum führt? … Er versucht, das Unbegreifliche denkend zu klären (V 16), den Gott, den er glaubt, mit dem, den er wirkend „sieht" rational zu harmonisieren. Vielleicht hätte er seine Lage als Bewährungs- und Prüfungsleiden, das Glück der anderen nur als Zeichen der Langmut Gottes verstehen können … oder vielleicht auf Augustins Gedanken kommen können, daß Gott auch auf krummen Linien gerade schreibt: Aber was er sah, war nun einmal Gottes krumme Schrift auf geraden Linien.

Einer, der Gerechtigkeit fordert

Psalm 10

1 Warum Jahwe stellst du dich fern,
wendest dich ab in bedrängender Zeit?
2 Frevlers Hochmut brennt auf Bedrückung,
umhechelt die Ränke, die er ausgeheckt hat.
3 Denn hochlobt der Frevler sein Gelüst,
das Knie beugt der Ausbeuter vor seiner Gier,
der Frevler verachtet Jahwe.
4 Denn hoch hebt er seine Nase,
fragt ihm nicht nach:
Gott ist nicht da!
5 Zuende führt er seine Pläne,
stärkt seine Macht für alle Zeit.
Hoch oben sind deine Gerichte, ihm fern,
mit all seinem Wesen pfeift er auf sie.
6 Er spricht in seinem Herzen:
Nie werd ich wanken,
Geschlecht um Geschlecht
in Glück ohne Unheil.
7 Fluches ist voll sein Mund,
Truges und Drohens,
unter seiner Zunge:
Wehsal und Arg.
8 Er hockt auf der Lauer in Höfen,
Mordet in Verstecken den Harmlosen,
nach dem Wehrlosen spähn seine Augen.
9 Er lauert im Versteck
wie ein Löwe im Busch,
er lauert den Armen zu fangen,
er fängt den Armen in seinem Gebüsch.
10 In seinem Netz duckt sich hin der Geschlagene,
Wehrlose stürzen in seine Gruben.
11 Er spricht in seinem Herzen:
Gott vergißt,

Leben mit Gott aus den Psalmen – eine Frage? Eine Losung? Eine Möglichkeit nur, wenn ich im Glauben und mit den Augen des Psalmisten, die er mir leihen müßte, um mich blicke, mich entsetze über die offenkundigen Skandale, die Gottes Güte und Gerechtigkeit, sofern er der in allem Wirkende sein soll, seit eh und je und fortwährend auf das peinlichste kompromittieren. Ich muß sie ja sehen,

wendet ab sein Gesicht,
schaut niemals her.
12 Steh auf, Jahwe, o Gott.
Erhebe deine Hand,
vergiß nicht die Armen!
13 Soll denn der Frevler
Gott für immer verachten,
sprechen in seinem Herzen:
Du fragst nicht danach!
14 Schau du, ja du die Wehsal an,
den Gram blick an –
laß in deine Hand es legen!
Dir gibt sich der Wehrlose,
die Waise anheim –
du sei der Helfer!
15 Zerbrich den Arm des Frevlers,
seiner Bosheit forsche nach –
gewiß wirst du sie finden!
16 Jahwe, König von urher und ewiglich während:
Schwindet ihr Völker aus seinem Land!
17 Der Armen Begehren höre, Jahwe,
das Herz richte hin,
dein Ohr lausche her!
18 Wenn du Recht schaffst den Waisen
und dem Niedergeschlagenen,
wird der Wüstling nicht länger
Menschen aus dem Lande schrecken.

diese Völkerverjagungen, Massenmorde, Millionen zu Tode sich hungernder Menschen, Auschwitz, Majdanek, und GULAG, das Meer von Tränen, die großen Schurken, die trägen Herzen, all das von den Medien Tag und Tag zu mir Getragene, meine Augen und Ohren sind voll davon. Und der Himmel schweigt und rührt sich nicht.

Hol uns zurück

Psalm 80, 1–8, 18–20

Je kindlicher ich an den Vater glaube, desto unverständlicher wird mir die Väterlichkeit des „Willens", der den Kindern kollektiv und individuell allerhand „Unwürden" (E. Bloch), Elend und Marter verfügt. Dem Glaubenden bereitet der Vaterglaube unsägliche Beschwer. – gibs auf, es begreifen zu wollen! Oder: laß den Vatergott und halt es mit Mark Aurel: Leugne das Leiden, deute es um, bagatellisier und ertrag es! Oder: Bastle dir eine Theodizee, kommst du mit der theologischen Notlüge zurecht! Oder: sei ein Christ, vielleicht schaffst du es, dein unheilbares, dich langsam fressendes Karzinom in das Streicheln der „väterlichen" Hand zu verwandeln.

1 Dem Chorleiter. Nach der Weise „Lilien".
Ein Zeugnis. Ein Psalm Asafs.
2 Hirte Israels, horch auf!
Du, wie Schafe Josef lenkend,
auf den Cheruben thronend – erscheine
3 vor Efraim, Benjamin, Manasse!
Erwecke deine Heldenkraft
und komm zu unserer Rettung!
4 Herr, hol uns zurück,
laß leuchten dein Angesicht
daß Rettung uns werde.
5 Jahwe, Herr der Scharen,
wie lange raucht dein Zorn
beim Beten deines Volks?
6 Hast sie genährt mit Tränenbrot,
hast mit Tränen sie getränkt – messeimerweise.
7 Du machst uns zum Zank unseren Nachbarn,
und unsere Feinde spotten unser.
8 Herr der Scharen, hol uns zurück,
laß leuchten dein Angesicht,
daß Rettung uns werde …

18 Deine Hand sei über dem Mann dir zur Rechten,
über dem Menschensohn, den du stark dir gemacht.
19 Dann weichen wir nicht von dir.
Laß uns aufleben,
daß deinen Namen wir rufen!
20 Jahwe der Scharen, hol uns zurück,
laß leuchten dein Angesicht,
daß Rettung uns werde.

Warum?

Psalm 22

1 Dem Chorleiter, nach der Weise „Die Hirschkuh
im Morgenrot".
Ein Psalm Davids.
2 Mein Gott! Mein Gott!
Warum hast du mich verlassen?
Fern meinem Schreien bist du,
den Worten meiner Klage.
3 Mein Gott! ruf ich tags – und du antwortest mir
nicht,
nachts – und ich finde nicht Ruh.

4 Du aber, Heiliger,
über Israels Preisungen Thronender –

5 Auf dich vertrauten unsere Väter,
vertrauten, und du ließest sie entrinnen,
6 zu dir sie schrien und kamen davon,
auf dich sie vertrauten
und wurden nicht zuschanden.

7 Ich aber: ein Wurm bin ich, kein Mensch,
der Spott der Leute, verachtet vom Volk.
8 Alle die mich sehn, verlachen mich,
verziehn die Lippen, schütteln den Kopf.
9 Auf den Herrn hat er's gewälzt,
laß er ihn entrinnen, reiß er ihn heraus,
er hat ja Gefallen an ihm!
10 Ja, du bists,
der aus dem Leib mich hervorbrechen ließ,
vertrauend an der Brust meiner Mutter mich
machte.
11 Auf dich ward ich geworfen,
als aus dem Schoß ich war,
vom Mutterleib an bist du mein Gott.

12 Nicht fern sei mir!
Denn Not ist nah, denn kein Helfer ist da!
13 Mich umringen viele Stiere,
Baschanbullen mich umzingeln,
14 sperren ihren Rachen wider mich auf.
Ein Löwe reißend und brüllend!
15 Wie Wasser bin ich hingeschüttet,
es trennen sich all meine Knochen,
wie Wachs ist geworden mein Herz,
im Leib mir zerschmolzen.
16 Trocken wie ein Scherben mein Schlund,
meine Zunge geklebt an den Gaumen:
Du bereitest zum Staub des Todes mich zu.
17 Ja, es umringen mich Hunde,
eine Rotte von Übeltätern hält mich umkreist,
sie fesseln mir Hände und Füße.

18 Zählen kann ich all meine Knochen.
Sie – herblicken sie, besichtigen mich.
19 Sie teilen meine Kleider sich zu,
und um mein Gewand werfen sie das Los.
20 Du aber, Jahwe, nicht ferne sei,
meine Mächtigkeit du,
zu Hilfe mir eile!
21 Dem Schwert entreiße mein Leben,
mein einziges dem Griff des Hundes.
22 Rette mich vorm Rachen des Löwen,
den Hörnern der Büffel.
23 Ich will von deinem Namen meinen Brüdern
erzählen,
will inmitten der Gemeinde dich preisen:

24 Die ihr fürchtet Jahwe, preiset ihn!
All ihr Sämlinge Jakobs, verherrlicht ihn!
Erschauert vor ihm, ihr Sämlinge Israels alle!
25 Denn nicht verächtlich hat er,
nicht abscheulich gemacht
des Niedrigen Erniedrigtheit,
vor ihm sein Angesicht nicht verhüllt,
gehört auf sein Schreien zu ihm.
26 Bei dir ists, daß meine Preisung
in großer Gemeinde ergeht,
ich meine Gelübde erfülle
denen, die ihn fürchten, vor Augen.

27 Satt sollen sich essen die Niedergebeugten,
preisen Jahwe, die ihn suchen.
Aufleben soll euer Herz auf Zeiten hin.
28 Des sollen sie gedenken.
Und umkehren zu Jahwe sollen alle Enden der Erde,
vor ihm sich niederwerfen alle Stämme der Völker.
29 Denn Jahwes ist das Königtum,
er ist der Herrscher unter den Völkern:
30 Nur ihm werfen alle sich nieder,
die in der Erde schlafen,
vor seinem Angesicht knieen alle,
die in den Staub gesunken,
deren Leben nicht überdauert.
31 Ihm soll dienen mein Same,
soll erzählen von Jahwe
dem Geschlechte, das kommt,
32 und soll künden sein rechtes Walten
einem nachgeborenen Volk: daß er das Werk getan.

„Wenn man mich fragte, woran meine Liebe zu Gott zu erkennen sei, würde ich antworten: daran, daß ich ihn erleide: aus ganzem Herzen, mit ganzem Leben und mit all meiner Kraft."

Verlassen für immer?

PSALM 74

[1] Ein Weisheitslied. Von Asaf.
Warum, Gott, hast du verstoßen für immer,
raucht dein Zorn auf die Herde deiner Weide?
[2] Gedenke deiner Gemeinde, die du voreinst
erworben,
ausgelöst hast als Stamm dir zu eigen,
des Berges Zion, wo du gewohnt.
[3] Komm geschritten hochher
in den hindonnernden Trümmern,
alles hat im Heiligtum verdorben der Feind.
[4] Gebrüllt haben deine Widersacher
drinnen, am Ort der Begegnung mit dir:
Zeichen haben sie, ihre Zeichen, gesetzt.
[5] Man trifft sich, als gält es laut zu loben,
im Holzdickicht mit Äxten,
[6] und nun zerhacken sie all dein Gezier
mit Beilen und eisernen Stangen.
[7] Ins Feuer liessen sie dein Heiligtum fahren,
entweihten deines Namens Wohnstätte
bis auf den Grund.
[8] Sprachen in ihrem Herzen:
Zwingen wir sie gänzlich nieder.
Verbrannt haben sie alle Stätten
der Gottesbegegnung im Land.
[9] Zeichen sehen wir keine für uns,
kein Prophet ist mehr da,
und keiner mit uns, er wüßte bis wann.
[10] Wie lang, Gott, soll höhnen der Widersacher,
schmähen der Feind deinen Namen fortdauernd?
[11] Warum hältst du deine Hand zurück,
liegt deine Rechte im Busen verschlossen? Hör auf!

26. Januar 1973
In der Nacht vom Montag zum Dienstag um 2 Uhr, ist auf Heimaey, der 16 km von Island entfernten Insel der Helgafialud, d. i. der „heilige Berg", aus 4–5000-jährigem Schlaf erwacht, um sich sofort mit gewaltigem Räuspern, Spucken und Schneuzen an seine feurige Tätigkeit zu machen. Zuerst hat er die etwa 6000 Einwohner von Kaup-Stadur, dem größten isländischen Fischereihafen verjagt, inzwischen nach heutiger Meldung in der Nähe des Städtchens, 2 km davon entfernt, einen Krater aufgepflanzt und die ersten Häuser in Brand gesteckt.

12 Gott aber, mein König von uran,
Befreiungen wirkend inmitten der Erde:
13 Du – verscheucht durch deine Kraft
hast du das Meer,
zerschmettert überm Wasser die Köpfe der Drachen.
14 Du – zermalmt hast du die Köpfe des Lindwurms,
zum Fraß den Haien gegeben.
15 Du – zerspalten hast du Quelle und Bach.
Du – getrocknet allwährende Ströme.
16 Dein ist der Tag, dein auch die Nacht.
Du – gefestigt hast du Leuchte und Sonne.
17 Du – bestimmt hast du alle Grenzen der Erde,
Sommer und Winter, du hast sie gebildet.

18 Dessen gedenke: Der Feind höhnt, Jahwe!
Verächtliches Volk schmäht deinen Namen!
19 Gib nicht dem Wilden die Seele deiner Taube,
das Leben deiner Gebeugten vergiß nicht für immer.
20 Blick auf den Bund!
Denn voll sind die finsteren Schlüpfe des Landes
von Wehschrei der Gewalt.
21 Kein Zerschlagener kehre gekränkt zurück,
wer gebeugt und arm, soll preisen deinen Namen!
22 Steh auf, Gott, streit deinen Streit!
Gedenke, Verächtliche höhnen dich all Tag.
23 Vergiß nicht den Lärm deiner Widersacher,
der beständig emporsteigt!

Meine Solidarität mit den Menschen verwehrt mir nicht, mich durch solche Botschafen aus dem Untergrund der unverfügbaren Gewalten in freudige Erregung versetzen zu lassen. Denn nicht oft genug kann die Menschheit an die gefährliche Nachbarschaft der Übermächte erinnert werden, die um sie walten, unberechenbar und niemals zu bewältigen. Gedankenlos, bewußtseinseng nur von ihren Geschäften und Händeln in Atem gehalten, von all dem Lärm darum betäubt, lebt sie dahin, als wäre nur ihre Welt die einzig wahre. Und da kommt der Schock, das flammende Signal des Ungeheuren, das Chaos brüllt auf, reckt aus der Tiefe die Faust und schlägt an die Tür des Menschengehäuses; es kracht im Gefüge … „Ich bin immer noch da!“

Wie lange noch?

Psalm 13

1 Dem Chorleiter. Ein Psalm Davids.
2 Wie lang noch, Jahwe, vergißt du mich dauernd?
Wie lang noch
wendest du dein Gesicht von mir ab?
3 Wie lang noch muß ich mit Sorgen
meinem Leben zusetzen,
Kummer nähren im Herzen all Tag?
Wie lang noch erhebt sich mein Feind über mich?
4 Schau her, antworte mir,
Jahwe, mein Gott!
Leuchten laß meine Augen,
wend weg den Todesschlaf.
5 Nicht daß mein Urfeind sage:
Ich hab ihn überwältigt
mein Gegner nicht juble,
weil ich wanke.
6 Ich aber, in deiner Huld bin ich sicher,
es juble mein Herz deiner rettenden Tat.
Singen will ich Jahwe,
denn er hats an mir vollbracht.

Bist du? Und wenn du bist, hast du es gewollt? Göttlich, herrlich, – liebend gewollt? Right or wrong – so? Es ist sinnlos, dich etwas zu fragen – um den Sinn dich zu fragen, ist sinnlos. Und doch frage ich: Was hast du im Sinn mit ihr, mit mir, mit uns allen, samt allen Geschöpfen, den Macht- und Wehrlosen, fressend Gefressenen, gräßlich Verelendenden, alle zusammen, zum Weinen! Was willst du? Daß ich bitte: Geschehe dein Wille! den du ohnehin tust, gebeten oder ungebeten, wozu dich bitten?
Es ist nicht verbürgt, daß das „Glück-des-Seins-bei-Gott“ keine Leiden an Gott mehr kenne.

Bitten und Danken

Reiß mich heraus

PSALM 7

[1] Klageruf Davids, den er Jahwe vortrug
wegen der Worte des Benjaminiters Kusch.
[2] Jahwe, mein Gott! In dir bin ich geborgen,
befrei mich von all meinen Verfolgern
und reiß mich heraus!
[3] Daß er nicht wie ein Löwe mich packt,
meine Kehle zerfleischt, und mich keiner
herausreißt.

[4] Jahwe, mein Gott! Wenn ich dieses getan:
Wenn Rechtsbruch ist in meiner Hand,
[5] wenn ich Böses getan meinem Friedner
und grundlos meinen Bedränger geplündert –
[6] verfolge der Feind und hole mich ein,
stampfe zur Erde mein Leben,
laß wohnen meine Herrlichkeit im Staub.

[7] Steh auf, Jahwe, in deinem Zorn,
recke dich der Wut meiner Bedränger entgegen.
Rühr dich, mein Gott, das Gericht biete auf!
[8] Und die Völkerversammlung umschare dich rings,
und über ihr hoch throne du!
[9] Jawe sprich Urteil den Völkern.
Richte mich, nach meiner Gerechtheit
und meiner Vollbewährtheit Maß,
die mir zu eigen.
[10] Räche die Bosheit der Frevler,
fest lasse stehn den Gerechten.
Prüfer der Herzen und Nieren sei du, gerechter Gott!

[11] Mein Schild ist bei Gott,
Befreier der Herzensgeraden.
[12] Gott, gerechter Richter,
und ein Gott, ahndend all Tag!

13 Wenn doch der Starke wie der wetzte sein Schwert,
spannte seinen Bogen und rüstete ihn!
14 Sich selber rüstet er sich das Todesgerät,
macht seine Pfeile zu Flammen!
15 Da! Verruchtheit leibt er sich ein,
geht schwanger mit Qual, gebiert den Verrat.
16 Ein Loch gräbt er und schaufelt es aus,
er fällt in den Schacht, den er selbst gemauert.
17 Auf seinem Kopf kehrt sich sein Quälen,
auf seinen Schädel sinkt seine Gewalt.
18 Preisen will ich Jahwe
nach seiner Gerechtheit Maß.
Singen will ich dem Namen Jahwes, des Höchsten.

1. Dezember 1971

Ich habe mein Ägypten für immer verlassen, das „Haus voll Glorie" hab ich verlassen, mein Platz ist leer, aus den Fleischtöpfen der Wahrheiten esse ich nicht mehr, seit ich ahne, wie die Wahrheit schmecken müßte – nach „Manna", nach „Wachteln"? – und wie sie erscheinen müßte – hervorlautend aus dem lohenden Busch des Alls, aufstrahlend als die Sonne des Sinnes in der kosmischen und geschichtlichen Nacht der Absurdität …

Leben mit Gott mit den Psalmen: Wenn es noch eine Möglichkeit ist, so hängt ihre Verwirklichung davon ab, daß das säkulare Bewußtsein sich selbst radikal in Frage stellt, um nach vollzogener Metanoia, die ein Durchbruch nach vorn, kein Rückfall in ein antikes Weltbild wäre, der Wirklichkeit inne zu werden, die in den Psalmen „in die Sprache kommt".

Knechte Jahwes

Psalm 2

[1] Was rasen die Völker,
sinnen Wahn die Nationen?
[2] Erdenkönige treten auf,
Fürsten sich verbünden
wider Jahwe und seinen Gesalbten:
[3] Sprengen laßt uns ihre Fesseln,
ihre Stricke von uns werfen.
[4] Er, der thront im Himmel, lacht,
der Herr – er spottet ihrer!

[5] Einst herrscht er sie in seinem Zorne an,
schreckt sie jäh in seinem Grimm!
[6] Ich selber weihte meinen König –
auf Zion, meinem heilgen Berg.
[7] Jahwes Verfügung will ich künden:
Er sprach zu mir:
Mein Sohn bist du,
ich habe heute dich gezeugt.
[8] Heische von mir,
und ich gebe dir Völker zum Erbe,
dir zum Besitz die Enden der Erde!
[9] Du magst sie zerschlagen mit eiserner Keule,
magst sie zerschmettern wie Töpfergeschirr!

[10] Nun denn, ihr Könige, besinnt euch klug,
laßt euch warnen, ihr Richter der Erde!
[11] Seid Knechte Jahwes in Furcht,
küßt ihm die Füße mit Zittern!
[12] Daß er nicht zürnt, ins Verderben ihr lauft;
denn rasch entbrennt sein Zorn.
Wohl denen, die in ihm geborgen!

Versteht es sich nicht von selbst, daß Menschen, die an Gott glauben, mit ihm leben und er mit ihnen? Nein, auch hier versteht sich das Selbstverständliche nicht von selbst. Das Leben mit dem lebendigen Gott ist etwas Besonderes: Das Besondere der Psalmen des Alten Testaments. Ich behaupte nun: Eben dies Besondere, Eigentümliche, Eigene kennt die Mehrzahl der sich zur Existenz Gottes bekennenden Menschen nicht.
Sie wissen nichts von der Wirklichkeit, dem „Sein zu Gott", in dem die Psalmen leben. (Ich bilde mir nicht ein, mich davon ausnehmen zu dürfen!). Die Psalmen vertreten eine eigene Weise des Seins zu Gott – die den Menschen nicht erst des zwanzigsten Jahrhunderts verschlossen ist, Gott lebt in den Psalmen …

Jahwe, zu deiner Rechten

Psalm 110

1 Ein Psalm Davids.
Spruch Jahwes an meinen Herrn:
„Setze dich zu meiner Rechten,
bis ich deine Feinde gemacht
zum Schemel deiner Füße."
2 Den Stab deiner Macht
streckt von Zion aus Jahwe:
„Herrsche inmitten deiner Feinde!"
3 „Dein ist alle Würde
am Tag deiner Kraft.
In Heiligtums Glanz,
aus Frührots Schoß hab ich wie Tau dich gezeugt."

4 Geschworen hat Jahwe,
nicht wird es ihn reuen:
„Du bist Priester für ewig
nach Melchisedeks Art."
5 Jahwe ist zu deiner Rechten,
vernichten wird er die Könige am Tag seines Zorns.
6 Er richtet die Völker,
häuft Leichen an,
auf der Erde weithin hat er die Köpfe zerschmettert,
7 Unterwegs trinkt er Wasser aus dem Fluß,
so kann er den Kopf erhaben hochhalten.

1. Dezember 1971

Ich habe mein Ägypten verlassen, Pharao schwingt nicht mehr die Peitsche, sein Land ist auch Heimat, aber ich habe sie verlassen! Ich gehöre zum wandernden Volk, mein Land ist die Wüste, die Schakale der Wissenschaft heulen in der Nacht um mein Lager, heulen von Aas und Verwesen, die Eulen der Absurdität huschen über mich hin und künden den Tod und das Nichts in die Nacht. Ich hör sie, ich horche … Ich warte sehnlichst auf den Morgen. „Ich bin da!" – wo ist diese Stimme? „Ich bin der Weg, die Wahrheit und das Leben!" – die große Stimme stummt.

Anwalt der Armen

Psalm 72

1 Von Salomo.
Deine Rechte gib dem König,
deine Gerechtheit dem Königssohn.
2 daß er gerecht deinem Volke entscheide,
im Rechtsanspruch deinem Gebeugten,
3 und Heil dem Volk die Berge tragen
die Hügel – dank Gerechtigkeit!

4 Ins Recht setz er die Gebeugten des Volks,
er rette die Söhne des Armen,
zermalm den Bedrücker.
5 Er laß ihn leuchten der Sonne gleich,
mehr als den Mond, Geschlecht um Geschlecht.
6 Er sei wie Regen sich senkt auf die Mahd,
wie Geriesel die Erde benetzt.
7 Gerechtigkeit sproße in seinen Tagen,
und Fülle des Heils, bis schwindet der Mond.

8 Er herrsche von Meer zu Meer,
vom Strom bis zu den Enden der Erde.
9 Vor ihm soll knien das Wüstengelichter,
Staub sollen lecken seine Feinde.
10 Tarschischs Könige, die der fernsten Gestade,
sollen Abgaben zahlen, Sabas und Sebas Könige
nahn mit Tribut,
11 und ihm sich alle Könige bücken,
ihm dienen alle Völker.

12 Denn herausreißt er den Armen, der aufschreit,
den Gebeugten und den ohne Helfer.
13 Ihn erbarmt es des Schwachen und Armen,
das Leben der Armen rettet er.
14 Aus Zwang und Gewalttat löst er ihr Leben
und teuer ist ihr Blut in seinen Augen:

15 Er lebe!
Man gebe ihm von Saba Gold,
man bete ständig für ihn,
man wünsche Segen ihm den ganzen Tag:
16 Kornes Fülle sei im Lande,
ja auf dem Haupt der Berge rausche
seine Frucht wie der Libanon,
ja es blühe der Halm wie das Gras der Erde!
17 Bestehe sein Name für die Zeit der Zeiten,
im Schein der Sonne gedeihe sein Name,
daß sich segnen mit ihm,
ihn selig preisen alle Völker!
18 Gesegnet sei Jahwe, Israels Gott,
allein er tut Wunder!
19 Gesegnet sei sein glorreicher Name für die Zeit der Zeiten.
Daß die Erde sich fülle mit seiner Herrlichkeit.
Amen, ja amen.
Damit enden die Gebete Davids, des Isai Sohn.

„Zieh fort aus deinem Land, fort aus deiner Sippe, fort aus dem Haus deines Vaters, in das Land, das ich dir zeigen werde (Gen 12,1). Eine Scheidung wird gefordert, ein Weg gewiesen, ein Geheiß ergeht, Gehorsam heischend, die Verheißung lautet: Er sei zum Vater vieler Völker bestimmt. Ihr trauend, seinem Wort, habe er den Weg zu wagen – ins Unbekannte. Der Gott Abrahams entzündet nicht das Licht einer Wahrheit, die fortan leuchtend zu betrachten, immer tiefer zu erkennen und als geistiger Besitz anzueignen wäre. Der Gott Abrahams erhebt Anspruch auf den ganzen Menschen, setzt Herzen und Beine in Bewegung, Sippen und Stämme. Er macht – durch Anspruch – Geschichte mit den Angesprochenen.

Höre, prüfe, antworte!

PSALM 17

1 Ein Gebet Davids.
Höre, Jahwe, mein gerechtes Begehren.
Lausch auf mein Klagen, horch auf mein Beten:
von Lippen ohne Lüge.
2 Vor deinem Antlitz soll hervorgehen mein Recht.
Geradheit sollen schauen deine Augen.
3 Prüfe mein Herz, durchforsche es nachts,
schmelze mich aus –
du findest keine Schandtat an mir.
4 Mein Mund verging sich nicht an Werken
deiner Hände.
Auf deiner Lippen Rede – ich achtete darauf.
5 Am befohlenen Pfad hielten fest meine Schritte,
von deinen Fährten schwenkten meine Tritte nicht ab.

6 Ich rufe dich, so antworte mir denn, o Gott!
Neige dein Ohr zu mir, hör, was ich sage:
7 Zu Fall bringe deine Verhöhner, o Retter,
kneble mit deiner Rechten,
die gegen dich sich erheben.
8 Hüte mich wie des Auges Pupille,
versteck mich im Schatten deiner Flügel,
9 vor der Wut der Frevler, die mich umzwängen
meinen Feinden, die in Gier mich umzingeln.
10 In Fett ist fest ihr Herz verpackt,
voll Hochmut redet ihr Mund.
11 Meine Schritte schlottern,
da sie mich umringen,
ihre Augen darauf richten,
daß ich zur Erde mich neige,
12 wie ein Löwe, der giert nach Raub,
wie ein Leu, der hockt im Versteck.

[13] Steh auf, Jahwe, seiner Wut tritt entgegen,
zwing ihn in die Knie!
Laß entrinnen mein Leben
vor dem Frevler, der wider dich glüht!
[14] Töte sie durch deine Hand Jahwe,
der Tod schaffe sie aus der Welt.
Mach, daß sie sterben, hinweg von den Lebenden.
Den Bewahrten aber fülle den Leib,
satt werden laß ihre Söhne,
hinterlassen ihren Rest ihren Kindern.
[15] Ich aber, wenn geschehen ist Recht,
will schauen dein Antlitz,
sättigen mich beim Erwachen an deiner Gestalt.

1. Januar 1974

Ich fürchte, das sogenannte Neue Jahr wird noch älter als das alte sein!
Es fängt schon gut an:
Heute früh um sechs Uhr im Ausgang aus dem Schimpf-Hof schier über die eiserne Torsperre aufs Steinpflaster gestolpert; das sonst so brave Ding, das seinen ordentlichen Platz hat, heute morgen im Dunkel wie auf der Lauer, als ob es mir tückisch hätte das Bein stellen wollen.
Dann, durch den Botanischen Garten zur Augenklinik, am Brückle über die Ammer, stockdunkel, den Kiesweg unter den Sohlen fühlend, statt auf die Brückenbohlen zu treten, die ich vor mir wähnte, lotrecht die Ufermauer hinunter gestürzt, eine halbe Armlänge über meinem Kopf das Geländer und der Mauerrand, ein Knäuel von Maschendraht, der einzige Halt an der steilen Böschung. Ich weiß nicht, wie es mir schließlich gelang, mich hochzuhangeln … Ein paar leichte Schürfungen … „es fängt schon gut an" – ja, gut, denn es hätte wahrlich schlimmer ausgehen können. Zeichen? Ein böses, wenn ich den Sturz, ein gutes, wenn ich das Wiederhochkommen bedenke.

Wir halten stand

Psalm 20

Der Zusammenhang, der zwischen dem gottgefälligen Sein und dem Tun des Menschen besteht, wird gemeinhin als Verhältnis von gegenseitiger, zuerst vom Menschen zu erbringender, dann von Gott zu lohnender Leistung aufgefaßt. In der Rede von der „Werkgerechtigkeit" hat sich die in der Frage Satans ausgesprochene Verdächtigung: „Ist es umsonst, daß Ijob Gott fürchtet" (Ijob 1,10) zum abschätzigen Werturteil verdichtet. Man beruft sich dafür auf Paulus, obwohl gerade er es ist, der just im Alten Testament die Zeugnisse für den Primat der „Gnade" findet. In dem für die Beziehung zwischen Gott und Mensch grundlegenden Begriff chesed, der unübersetzbar ist, sich als gegenseitige Solidarität, Verbundenheit, Zusammengehörigkeit, Loyalität, Treue, Liebe, nur umschreiben läßt, schwingen Motive mit, die nichts mit Leistung und Lohn zu tun haben.

1 Dem Chorleiter. Ein Psalm Davids.
2 Den Sieg dir gewähre Jahwe
am Tage der Not.
Unüberwindlich dich mache
der Name von Jakobs Gott!
3 Er sende dir Hilfe vom Heiligtum,
vom Zion her stütze er dich.
4 Er gedenke all deiner Spenden,
mache zu Asche deines Brandopfers Fett.
5 Er gebe dir deinem Herzen zuwillen,
erfülle alle deine Pläne.

6 Dann laßt uns jubeln
ob deiner Rettung
im Namen unseres Gottes
rage hoch das Panier.
All deine Bitten erfülle Jahwe.
7 Nun habe ich erkannt:
Gerettet hat seinen Gesalbten Jahwe,
aus seinem heiligen Himmel den Sieg ihm gewährt
mit der rettenden Kraft seiner Rechten.
8 Ob diese durch Wagen, jene durch Roße,
wir sind stark durch den Namen unseres Gottes
Jahwe.
9 Sie gehen in die Knie –
wir halten stand und stehen aufrecht.
10 Jahwe rette deinen König!
Gewähr ihm den Sieg
am Tag, da wir rufen.

Sei mir gut

Psalm 6

1 Dem Chorleiter. Mit Saitenspiel. Nach der achten.
Ein Psalm Davids.
2 Jahwe!
Nicht in deinem Zorn mich strafe
und nicht in deinem Grimm mich züchtige!
3 Sei gütig zu mir, Jahwe!
Denn dahingewelkt bin ich.
Heile mich, Jahwe,
denn vermorscht ist mein Gebein,
4 und mein Leben verstört.
Du aber, Jahwe, wie lange noch?

5 Kehr um, Jahwe,
reiß mein Leben heraus,
befrei mich um deiner Treue willen.
6 Denn im Tod gibt's kein Deingedenken.
In der Unterwelt – wer preist dich da?
7 Ich habe mich müde gestöhnt,
all Nacht überschwemm ich mein Lager,
mit Tränen überflute ich mein Bett.
8 Trübe ist mein Auge vor Gram,
gealtert wegen all meinen Bedrängern.

9 Weicht von mir, all ihr Unheilstifter!
Denn gehört hat Jahwe den Ruf meines Weinens
10 Gehört hat Jahwe mein Flehen.
Jahwe hat mein Flehen angenommen.
11 Zuschanden werden und verstört gar sehr
all meine Feinde.
Sie schwinden plötzlich.

In dem Gespräch Martin Bubers mit einem Atheisten, der ihn fragte, wie er denn den Namen „Gott" immer noch brauchen möge: „Gerade darum. Weil er so verhüllt, weil er so verdeckt ist, vergraben unter einer Fülle von Mißverständnis und einer Fülle von menschengestalteten Vorstellungen und Märchenbildern, Vaterbildern, Bart-Vaterbildern, unter all dem, gerade darum, weil dieser Namen so geschmäht, so verloren, so hoffnungslos bedeutungslos ist, gerade darum liebe ich ihn – und auch den Vater-Namen, unter dem Er sich dem Menschensohn zugesprochen hat. Darum."

Sei mir gnädig

Psalm 51,1–18

1 Dem Chorleiter. Ein Psalm Davids.
2 Als zu ihm der Prophet Natan kam,
nachdem David zu Batseba gegangen war.
3 Gnädig sei mir, o Gott, in deiner Huld,
in deines Erbarmens Fülle lösche meine Abtrünnigkeiten!
4 Völlig wasche mir weg meine Schuld,
von meiner Sünde reinige mich –
5 Denn meine Abtrünnigkeiten – ich, ja ich erkenne sie,
meine Sünde ist stets mir zugegen.
6 An dir allein hab ich gesündigt,
das Böse in deinen Augen – ich hab es getan,
so daß du gerecht erscheinst in deinen Reden,
lauter in deinem Richten.
7 Denn in Schuld hinein ich ward unter Wehen geboren,
in Sünde hinein meine Mutter in Gier mich empfing,

8 wenn du Treue verlangst in verborgenen Dingen,
Weisheit in Geheimen zu erkennen mir gibst –
9 entsündige mich mit Ysop,
daß rein ich werde,
wasche mich, daß weißer ich werde
als Schnee.
10 Lasse Frohlocken und Freude mich hören,
jauchzen die Gebeine, die du zerschlagen!
11 Verhülle dein Antlitz vor meinen Sünden,
und all meine Verschuldungen lösche!
12 Ein reines Herz erschaffe mir, o Gott,
und neuen beständigen Geist leg in mich hinein!
13 Verwirf mich nicht vor deinem Angesicht,
und deinen heiligen Geist nimm nicht von mir!

14 Kehr wieder das Frohlocken
deiner Rettung mir zu,
und mit willigem Geiste mich stütze!

15 Abtrünnige will ich deine Wege lehren,
daß Sünder umkehren zu dir.
16 Aus Bluttaten reiß mich heraus, o Gott,
daß meine Zunge deine Gerechtigkeit preise.
17 Herr, öffne meine Lippen,
daß künde mein Mund deinen Ruhm.
18 Denn: Nicht an Schlachtopfern hast du Gefallen,
und brächt ich ein Brandopfer
du nähmst es nicht gnädig.
19 Das Schlachtopfer Gottes ist erschütterter Geist!
Ein erschüttertes und zerschlagenes Herz –
das wirst du, Gott, nicht verachten.

5. April 1980 Ostersamstag

Mein Gott! DU bist du mir,
DU ruf ich dich –
Person zu Person
Ich – Du
sprech ich zu dir …
wie ein Baruch Spinoza
ein Pantheist
glaube, fühle, sehe und
denk ich
deine Präsenz in allen
Dingen
aber du bist mir nicht
das hen kai pan (Ein und
Alles)
du bist in ihnen
und es ist in dir
aber du bist mir größer
erhaben darüber
dein Leben durchpulst
das All der Dinge
aber du trägst es in
Händen …

Mein Gott

Du hast mir das Los geworfen
Mir mangelt nichts
Mein Fels
Du kennst mich
Mein Halt
Ich wanke nicht
Zu segnen mit Gutem
Von Geschlecht zu Geschlecht
Mein Helfer
Bei dir bin ich sicher

Du hast mir das Los geworfen

Psalm 16

1 Ein Sühnelied Davids.
Bewahre mich, Gott!
Denn ich berg mich in dir.
2 Ich spreche: Du Jahwe, du bist mein Herr,
mein Gut, keines höher als du.
3 An den „Heiligen" die da sind im Land,
an den „Hehren" – habe ich mein Gefallen.
4 Mehren sollen sich die Wehen derer,
die Fremdem folgen.
Laß sie die Lust versäumen.
Nie gieße ich mit meinen Händen
ihre Weihgüße dar,
nie heb ich auf meinen Lippen ihre Namen empor.

5 Jahwe, du hast milden Wein
mir im Becher zugeteilt,
du bist es, der mein Los geworfen.
6 Die Meßschnüre sind mir gefallen
auf wonnigen Grund,
und meinen Besitz hat der Höchste gezeichnet.

7 Als Segnenden preis ich Jahwe,
darob, daß er mir rät,
und nachts meine Nieren mich mahnen.
8 Ich stelle Jahwe mir stets gegenüber,
ja, von seiner Rechten schwenk ich nicht ab.

9 Darum freut sich mein Herz,
und jauchzt mein Leben
und wohnt gar sicher mein Leib.

10 Denn nicht zur Abwelt versetzt du mein Leben,
nicht gibst du deinen Getreuen
die Grube zu schauen.
11 Du läßt mich erkennen den Weg in das Leben,
machst satt mich an Freud über Freude vor dir,
an Wonnen dir zur Rechten immerdar.

5. August 1973

Im März auf einer Bundesstraße des schwäbischen Oberlandes geschehen:
Ein Autofahrer, der einem Hund auswich, stieß auf der Gegenfahrbahn mit einem anderen Wagen, ein dritter mit diesen beiden zusammen.
Der Hund lebte, acht Menschen waren tot.

Herr Jesus, ich kann mir nicht wehren, dir und deinen Theologen abermals und immerzu dein Wort ins Gedächtnis zu rufen:
„Kein Spatz fällt vom Dach ohne … – es war des Vaters und ebenso des Mannes am Steuer Wille, daß der Hund nicht unter die Räder kam. „Ihr aber seid mehr wert als viele Spatzen" – als viele Hunde, würdest du wohl heute sagen …

Mir mangelt nichts

Psalm 23

1 Ein Psalm Davids.
Mein Hirt ist der Herr!
Mir mangelt nichts:
2 Er lagert mich in grasigen Auen.
Er führt mich an ruhsame Wasser.
3 Er holt das Leben mir zurück.
Er leitet mich in rechten Bahnen –
um seines Namens willen.
4 Auch wenn ich geh im dunklen Tal –
ich fürchte Böses nicht.
Denn: Du bist mit mir.
Deine Keule und dein Stock
die mutigen mich.

5 Du rüstest den Tisch vor mir zu
meinen Drängern gegenüber.
Du salbst mein Haupt mit Öl,
mein Becher überquillt.
6 Nur Gutes und Huld mich verfolgen
all meines Lebens Tage.
Und ich wohne im Haus Jahwes
solang die Tage währen.

Im 23. Psalm wird die Integrität, die ungeschmälerte Fülle heilen Lebens erfahren, die Gott aus freien Stücken, „um seines Namens willen" (V 3) schenkt. Wenn ich die objektiv beschreibende, form- und wortanalytische „Behandlung" des Textes als Sache hinter mir, diesen Psalm vor mich hinsage, ihn in mich hinein „murmle" (Ps 1,2), mich von den Worten in ihr Sagen ziehen lasse, fühle ich das tiefe Vertrauen, die Vertrautheit, ja Wärme in der Beziehung eines Menschen des Alten Bundes zu Gott, und ich frage mich, welche Schau – vielleicht das eingefleischte Nein zur Mythologie der zeugenden Götter-Väter – sie davon abgehalten haben könnte, diesen Gott geradeheraus als Vater anzusprechen. Denn ich meine, solche Psalmen seien sehr nah bei dem Gott gestanden, den Jesus seinen Vater nannte und uns Vater nennen hieß.

Mein Fels

PSALM 31, 1–25

1 Dem Chorleiter. Ein Psalm Davids.
2 In dir, Jahwe, berg ich mich ein,
ich darf niemals zuschanden werden;
dir selbst gerecht errette mich.
3 Neige dein Ohr mir zu,
eilends reiße mich heraus,
werde mir zum Schlupfgefels,
zum wallbewehrten Haus,
zur Rettung mir!
4 Bist meine Fluh und Wallwehr mir
und wirst um deines Namens willen
mich führen und mich lenken,
5 wirst aus dem Netz mich ziehen,
das sie mir heimlich legten,
denn du bist mein Fels.
6 In deine Hand befehl ich mein Leben;
erlöse mich; Jahwe, getreuer Gott.
7 Du haßest, die nichtig Wahngebild verehren,
ich aber, ich vertraue Jahwe.

8 Jauchzen will ich, mich freun deiner Huld,
der du mein Elend angesehen,
erkannt hast meines Lebens Nöte.
9 Und nicht in Feindeshand mich ausgeliefert,
du stelltest meinen Fuß in weitem Raum.
10 Sei gnädig mir, Jahwe,
denn ich bin bedrängt;
zermürbst im Gram mein Auge,
Leben und Leib.

11 Denn: Vor Kummer schwindet mein Leben
und meine Jahre in Seufzen dahin,
vor Elend verfällt meine Kraft,
meine Glieder zermürben.

12 All meinen Bedrängern bin ich zum Hohn,
und gar meinen Nachbarn,
Schrecken meinen Vertrauten,
wer mich draußen sieht, flieht vor mir.
13 Welk wie ein fühlloser Toter bin ich,
geworden, wie zerschelltes Geschirr.
14 Denn ich höre das Geflüster der Vielen,
ja, Grauen ringsum!
Wenn sie zum Rat gegen mich sammeln,
den Raub meines Lebens aushecken.
15 Ich aber, ob dir Jahwe, bin ich getrost.
Ich sage: Mein Gott bist du.
16 In deiner Hand sind meine Geschicke;
reiß mich aus der Hand meiner Feind' und
Verfolger!
17 Laß leuchten dein Antlitz über deinem Knecht,
rette mich in deiner Huld!
18 Jahwe, laß mich nicht zuschanden werden,
denn ich rufe dich an.
Zuschanden werden sollen die Frevler,
in der Gruftwelt zum Schweigen gebracht.
19 Verstummen sollen die Lügenlippen,
die frech über den Gerechten herredenden,
voll Hochmut und Hohn.
20 Wie reich ist das Gute dein,
das denen du gehortet;
Die dich fürchten,
das du denen bereitest,
die vor den Menschen sich bergen bei dir.
21 Du behütest sie in der Hut deines Angesichts
vor verleumderischen Menschen,
hältst sie unter Obdach bewahrt
vor zänkischen Zungen.

22 Gepriesen Jahwe, daß er Wunder an mir getan,
in belagerter Burg zur Zeit der Bedrängnis.
23 Und ich hatte gedacht in meiner Verzagtheit:
Abgeschnitten bin ich, deinen Augen nicht mehr
zugegen.
Doch gehört hast du mein lautes Flehen,
als ich zu dir um Hilfe schrie.
24 Liebt Jahwe, ihr alle ihm Gehörigen,
seine Getreuen bewahrt Jahwe,
doch übers Maß zahlt er heim,
dem, der hochmütig handelt.
25 Stark seid! Er ermutige das Herz aller,
die ihr Jahwe erharrt.

In deiner Finsternis, Herr –
oder ist es dein blendendes
Licht? – tappen meine
Gedanken herum und ihr
Gebet klingt wie Lästerung.

Das Sapientia-Salomonis-
Wort: „Die Gott liebt,
züchtigt er"!
Was für ein komischer Kauz,
dieser Gott, seine Geliebten
zu prügeln, zur Schnecke
zu machen! Schickt ihn zum
Psycho! Oder, wenn ihr
ihn für voll verantwortlich
nehmt, psychiatrisch
begutachtet, verurteilt ihn
wegen grundloser Feind-
seligkeit, Bösartigkeit,
zieht ihn aus dem Verkehr,
bringt ihn auf Nummer
sicher, es sei den …
es sei denn, man halte ihm
den mildernden Umstand
zugute, daß er unglücklich
liebt, eifersüchtig, sich rächt
für verschmähte Liebe und
wähnt, mit dem Prügel zur
Liebe zu zwingen …

Du kennst mich

Psalm 139

19. Januar 1972
Als er kam, erkannte ich ihn nicht. Unangeklopft war er hereingekommen, leise, stand hinter mir. Ich saß mit dem Rücken zur Tür, er muß schon ein Weilchen, weiß Gott wie lange schon, hinter mir gestanden haben, als ich Anwesenheit spürte, wie es mir des öfteren passiert (es ist unheimlich).
Ich drehte den Kopf und da war er, ein gänzlich Unbekannter, der mir doch irgendwie bekannt vorkam. Ich meine, ich hätte Bilder von ihm gesehen, vielleicht lagen gar noch welche in der Schreibtischschublade, aber nein, er glich deren keinem. Er sah mich nur an, schweigend starrten wir uns an, ich weiß nicht wie lange, vielleicht nur Sekunden. „Nun?", sagte ich endlich, „ich glaube nicht, daß wir uns schon einmal begegnet sind."

1 Dem Chorleiter. Ein Psalm Davids.
Jahwe! Du hast mich erforscht und erkannt.
2 Du! Du erkennst mein Sitzen und Stehen,
du merkst mein Denken von fern.
3 Meines Wanderns und Lagerns wirst du gewahr,
mit all meinen Wegen vertraut.
4 Wenn noch kein Wort auf meiner Zunge,
schon erkennst du, Jahwe, es ganz.
5 Von hinten, von vorn engst du mich ein,
hältst deine Faust auf mich gelegt:
6 Zu entrückt ist dies Erkennen mir,
zu ragend, ich kann ihm nicht hin.

7 Wohin kann ich gehen vor deinem Geist,
wohin fliehen vor deinem Angesicht?
8 Stieg ich die Himmel hinan, bist du dort,
bettete ich mich in der Unterwelt, bist du da.
9 Erhöb ich die Flügel der Morgenröte
und ließe mich nieder am hintersten Meer,
10 auch dort packte mich deine Hand,
ergriffe mich deine Rechte.
11 Und spräch ich:
Nur Finsternis decke mich zu,
Nacht sei das Licht um mich her!
12 Auch Finsternis finstert dir nicht,
Nacht ist dir leuchtend wie Tag,
Finsternis wie Licht.

13 Du hast ja, du, meine Nieren bereitet,
mich gewoben im Leib meiner Mutter.
14 Ich preise dich,
daß in Furchtwürdigkeiten du dich entrückst,
Entrücktes deine Werke sind
– gar sehr erkennt es mein Leben.

[15] Nicht war dir mein Gebein verhohlen,
als ich gemacht ward im Verborgenen,
buntgewirkt im Untergrund der Erde.
[16] Als Keimling sahn mich deine Augen,
und in dein Buch ward alles geschrieben,
und Tage wurden schon gebildet,
da noch keiner unter ihnen war.

[17] Ich aber! Wie schwer, Gott,
sind deine Gedanken mir,
wie gewaltig ihr Summen!
[18] Wollt ich sie zählen, sind sie mehr als der Sand,
und hätt ich geendet, noch wär ich bei dir.

[19] Wenn du den Frevler doch umbrächtest, Gott:
– ihr Blutmenschen, weichet von mir!
[20] Sie, die in Tücke dich nennen,
die schwören zum Falschen!
[21] Sollt ich deine Hasser nicht hassen, Jahwe,
verabscheuen nicht, die gegen dich sich erheben?
[22] Mit urletztem Haß hasse ich sie,
mir zu Feinden sind sie geworden!

[23] Erforsche mich, Gott, daß mein Herz du erkennst,
prüfe mich, daß meine Sorgen du kennst,
[24] Sieh her, ob ich auf dem Weg der Kränkung geh,
und führ mich auf dem Wege der Vorzeit.

„Nein!" „Mein Name ist Gott", sagt der Fremde. „Na, dann, Guten Tag Herr Gott! Sind sie gewiß der einzige dieses Namens, ich meinte, er sei für einen anderen, nämlich für einen ganz anderen (wie manche Experten behaupten) reserviert." Darauf sagte er: „Sie haben recht – der Einzige und der Andere bin ich. Und wir sind uns schon unzählige Male begegnet, vielleicht unter anderen Namen, die Sie mir, dem Begegnenden geben. Und heute, auf dem Friedhof und auf dem Rückweg haben Sie mich gerufen." „Gerufen?" „Ja, gelästert haben Sie mich! ... Sie wissen wohl nicht, wie sehr mir die Lästerungen enttäuschter Liebe zu Herzen gehen?" Sprachs und ließ mich verdattert sitzen.

Mein Halt

PSALM 25

1 Von David.
Zu dir, Jahwe, erheb ich mein Leben.
2 Mein Gott, in dir ist mein Halt.
Nicht zuschanden laß mich werden,
nicht hämisch höhnen meine Feinde über mich.
3 Die laut dich rufen alle –
sie werden nicht zuschanden.
Zuschanden werden nur die losen Verräter.

4 Tue, Jahwe, deine Wege mir kund,
lehre mich deine Pfade.
5 Führ mich den Weg der Treue zu dir und lehre mich.
Denn du bist der Gott meiner Rettung,
du, den ich rufe den ganzen Tag.
6 Gedenk deines Erbarmens, Jahwe,
und deiner Hulderweise –
denn sie sind von Urzeit her,
7 Die Sünden meiner Jugend und meiner Frevel –
gedenke ihrer nicht.
Nach deiner Huld gedenke mein,
bei deiner Güte, Jahwe.
8 Gut und gerad ist Jahwe;
drum weist er Sündern den Weg.
9 Sich Beugende führt er den Weg des Rechts,
lehrt die Gebeugten seinen Weg.
10 Alle Pfade Jahwes, Huld und Treue sind sie;
denen die wahren seinen Bund und sein Zeugnis,
11 Um deines Namens willen, Jahwe –
vergib doch meine Schuld, sie ist so groß.

12 Wer ist der Mann, der fürchtet Jahwe?
Ihn unterweist er im Weg, den er wählte.

13 Im Guten nächtigt sein Leben,
seine Nachkunft erbt das Land.
14 Die Jahwe fürchten leben im Frieden,
nur ihnen gibt er seinen Bund zu erkennen.
15 Zu Jahwe gehen stets meine Blicke,
denn er nur zieht aus dem Netz meine Füße.

16 Wende dich mir zu und sei mir freundlich,
denn einsam bin ich und gebeugt.
17 Weite, was das Herz beengt.
Aus meiner Angst zieh mich heraus.
18 Schau mein Elend, meine Qual,
und trag weg all meine Sünden.
19 Schau meine Feinde, es sind ihrer viele,
mit Haß und Gewalttat hassen sie mich.
20 Behüte mein Leben und rette mich,
nicht zuschanden laß mich werden,
wo ich doch bei dir mich berge.
21 Laß Unschuld und Geradheit mich beschützen,
wo ich doch dich erharre.

22 Gott, erlöse Israel aus allen seinen Ängsten.

Gott schreibt gerade auch auf krummen Linien – ist leider nur das Alphabet noch nicht entziffert.
Dauernd in den roten Zahlen, und dennoch niemals pleite – die Firma heißt „Hoffnung".
Um mit deinen Verhältnissen besser fertig zu werden, spricht die Hoffnung, mußt du über deine Verhältnisse hinausleben.
Von allen Hoffnungen, die sie begräbt, bleibt sie allein übrig, die Hoffnung.
Wer hofft, ist sich selbst immer ein paar Schritte voraus.
Hoffen heißt, von einem geheimem Versprechen leben.
Oder: Hoffen – im unerfüllten von verheißener Fülle leben.
„Ich bin im Kommen, sagt die Hoffnung zur Realität", die sich über sie lustig gemacht hatte, „du bist im Gehen".

Ich wanke nicht

Psalm 26

Gestern auf dem Fußweg über den Rosnerhof, sehe ich ein funkelnagelneues Bildstöckl, so ein „Marterl", ein hölzernes Kreuz, da wo die Balken sich schneiden, ein Brettchen, eine schwarze Wolke draufgemalt, ein gelber Blitz daraus zuckend, darunter geschrieben: An dieser Stelle hat Gott meinen Mann Andreas mit dem Blitz erschlagen. Mich schauderte! Das klingt ja, als ob Gott der Mörder wäre.
Ich traf Frau Rosner, wie sie gerade, ihr jüngstes Kind auf dem Arm, auf dem Hofplatz stand, als hätte sie mich erwartet. „Frau Rosner", sagte ich, „das Bildstöckl da draußen ..." – „Ich weiß, Herr Pfarrer, deswegen kommen Sie. Was wollen Sie von mir?"
„Ich möchte, daß Sie es entfernen, wenigstens die Aufschrift ändern." – „Warum ändern? Es ist doch die Wahrheit!"
„Nein!" erwiderte ich ihr, „die Wahrheit ist es nicht, es ist eine Anklage Gottes, eine Lästerung, ein Ärgernis! Tun Sie's weg!" „Nein, es bleibt! Es ist die Wahrheit, wie ich sie erfahre."

1 Von David.
Schaffe mir Recht, Jahwe.
Bin ich doch arglos gewandelt,
hab auf Jahwe vertraut – ich wanke nicht.

2 Prüfe, erprobe mich, Jahwe,
ergründe mir Nieren und Herz:
3 Ja, deine Huld mir stand vor Augen –
so bin ich gewandelt in Treue zu dir.
4 Ich saß nicht bei Götzenwahn treibenden Männern,
den Verblendeten trat ich nicht bei.
5 Ich haßte der Bösen Genossenschaft,
bei Frevlern sitze ich nicht.

6 Ich wusch meine Hände in Lauterkeit,
um deinen Altar zu umschreiten, Jahwe,
7 um das Lob anzustimmen reinen Sinnes
und zu erzählen all deine Wunder.
8 Jahwe, ich liebe die Heimat in deinem Haus,
die Wohnstatt deiner Herrlichkeit.

9 Raff nicht mit Sündern mein Leben dahin,
mit Bildgötzendienern mein Leben.
10 In ihrer linken Hand ist Unzucht,
Schandlohn in ihrer Rechten.

11 Ich aber, in meiner Bewährtheit ging ich den Weg.
Löse mich aus, und tu mir Gnade.
12 Feststeht mein Fuß auf ebenem Plan,
in den Versammlungen preise ich Jahwe.

Zu segnen mit Guten

PSALM 21

Der Mensch von heute und die Glaubenslehre gehen nicht mehr konform. Die Spaltung hat sie auseinandergerissen. Die Lehre wirkt wie eine Überstülpung oder wie ein Firnis. Sie liegt in einem Raum, der nicht mehr der Aufenthalt der Menschen ist …
Die Lehre steht, der Mensch geht. Dieser Mensch von heute, säkular – oder wie immer – zu bestimmen; es tut nichts zur Sache. Die Wirklichkeit hält ihn überwältigt. Und eine andere, eine Lehre tritt ihm gegenüber, in der er seine Wirklichkeit nicht mehr gesprochen, nicht mehr angesprochen erkennt, erfährt. Es ist gespenstisch, das anzusehen …

Um was geht es? In den Lehren des Glaubens – Gott, Jesus – sind Urwirklichkeiten ausgesprochen, die aber, in der Form, in der Sprache des Jetzt sprechend, sich selbst verstellen, die nicht mehr Sprache sind. Es geht darum, die Sprache wiederzufinden. Sie kann nur gefunden werden in der Erfahrung der Wirklichkeit, der Wirklichkeit Gottes. Wie ist das zu tun – wenn überhaupt etwas zu tun ist?

1 Dem Chorleiter. Ein Psalm Davids.
2 Jahwe, deiner Kraft erfreut sich der König,
über dein Retten – wie jauchzt er so laut!
3 Du hast ihm den Wunsch seines Herzens gewährt,
seiner Lippen Verlangen ihm nicht geweigert.
4 Denn du gehst vor ihm her, ihn zu segnen mit Gutem,
setzest aufs Haupt ihm die güldene Krone.
5 Leben erbat er von dir,
du hast ihm gegeben,
die Länge der Tage,
die Zeit hin für immer.
6 Groß ist seine Herrlichkeit
dir, dem Rettenden zu danken.
Hoheit und Hehre läßt du auf ihn nieder.
7 Denn ewige Segnungen legst du ihm hin,
läßt ihn schauen die Freude deines Angesichts.

8 Denn der König kann Jahwe fest vertrauen,
des Höchsten Treue läßt ihn nicht wanken.
9 Deine Hand greift all deine Feinde,
deine Rechte ergreift, die dich hassen.
10 Du steckst sie wie in einen Ofen voll Feuer,
zur Stunde deines Zorngerichts, Jahwe.
11 Von der Erde tilgst du ihre Frucht,
ihr Gesäm aus der Mitte der Menschen.
12 Betreiben sie gegen dich Böses,
sinnen sie Tücke –
sie vermögen doch nichts.
13 Die Sehne gespannt zielst du auf ihr Gesicht,
den Rücken oben legst du sie hin.
14 Recke dich auf, Jahwe, in deiner Macht,
daß wir mit Sang und Spiel lobpreisen deine Macht.

Heimat von Geschlecht zu Geschlecht

PSALM 90

1 Gebet des Mose, des Mannes Gottes.
Herr, Heimat bist du uns gewesen
von Geschlecht zu Geschlecht.
2 Ehe die Berge wurden geboren,
in Wehen sich Erde und Festland wanden –
von ureinst her bis urletzt hin,
Gott, bist du.

3 Zurück zum Staub läßt du den Menschen kehren:
Weil du gesagt hast: Kehrt zurück, ihr Adamskinder!
4 Ja, tausend Jahre: In deinen Augen sind sie
wie der gestrige Tag, wenn er vorüber,
wie eine Wache zur Nacht,
5 wie ein Wink, ein volles Jahr,
wie sproßendes Gras sind sie.
6 Am Morgen blüht es und sproßt,
am Abend welkt es und dorrt.

7 Ja, wir schwinden hin, durch deinen Zorn,
durch deinen Grimm sind wir geschreckt.
8 Du stellst unsere Fehltaten dir gegenüber,
unser Verstecktes ins Leuchten deines Angesichts.
9 Ja, in deiner Aufwallung verziehn unsere Tage,
schwinden, wie ein Seufzer unsere Jahre.

20. Januar 1974

Früh um vier Uhr erwacht, just zur Stunde, fast auf die Minute meiner Geburt vor 72 Jahren. Ich war der Erstling meiner damals sechsundzwanzigjährigen Mutter, die ledig „Hofer Theres", nach ihrer Heirat mit dem Volksschullehrer Wendelin Stier „d'Lehrere" (die Lehrerin) hieß. „D'Lehrere kriagt a Kind", ging am Vorabend durchs Dorf, und der alte Mesner und Bauer Diem habe nachts einspannen und den Doktor von Wangen mit dem Schlitten herbeiholen müssen. Nach neun Monaten Schmarotzerleben von Blut und Atem meiner Mutter, zu guter Letzt unter Druck gesetzt, in zunehmender Atemnot um mein Leben mich wehrend, stoßweise bedrängt von den Gebärwehen der Mutter und schließlich hinausgeworfen, buchstäblich an die Luft

[10] Unsere Jahrestage sind: siebzig Jahre,
und wenns hochkommt, achtzig Jahre;
und ihre Unrast ist Mühsal und Weh.
Denn schnell gehts dahin, und wir sind verflogen.
[11] Wer kennt deines Zornes Macht?
Wer gewahrt deiner Aufwallung Wucht?
[12] Unsere Tage recht zu zählen – laß es uns wissen,
daß wir ein weises Herz bekommen!
[13] Kehr um doch, Herr! Bis wann noch!
Leid seis dir um deine Knechte!
[14] Zum Morgen sättige uns mit deiner Huld,
daß wir jauchzend uns freuen, all unsre Tage.
[15] Erfreue uns so viele Tage, wie du uns beugtest,
so viele Jahre, wie Böses wir sahen.
[16] Sehen lasse uns, deinen Knechten, dein Wirken,
dein Glanz auf ihren Kindern!
[17] Es sei über uns die Milde des Herrn, unseres
Gottes!
Und das Werk unserer Hände laß dauern über uns,
ja, das Werk unserer Hände – laß es dauern!

gesetzt zum ersten Atemzug und ersten Schrei – vom Betroffenen aus im Rückblick gesehen eine Katastrophe: Hinauswurf aus dem wärmsten aller Nester, ein brutaler Gewaltakt gleich zu Beginn, dem noch viele folgten: Gewaltsame Hinaus- und Hineinwürfe in die „Existenz", die trotz immer größerer Selbstbeteiligung und Verantwortung mit der ersten Geburt die Passivität und die Eigenschaft gemeinsam haben, daß man erst hinterher davon erfährt, was mit einem geschehen ist – Zweiundsiebzig: Der allerletzte Hinauswurf steht mir ins Haus. Der erste war katastrophal, „ein Todeskampf", aber er stieß mich ins Leben, auch der letzte wird eine Katastrophe sein, ein Stoß aber – wohin?

Mein Helfer

Psalm 30

1 Ein Psalm, Lied zur Weihe des Tempels.
Von David.
2 Hochpreise ich dich, Jahwe,
denn du hebst mich empor,
läßt meine Feinde sich nicht freuen ob mir.
3 Jahwe, mein Gott, ich schreie zu dir,
und du hast mich geheilt.
4 Du hast heraufgeführt aus der Unterwelt meine
Seele,
am Leben mich bewahrt,
fern denen, die zur Grube fahren.
5 Spielt Jahwe, ihr seine Frommen,
lobsingt zum Gedenken seiner Heiligkeit.
6 Denn: Ein Weilchen nur in seinem Zorn –
ein Leben in seiner Gnade.
Am Abend kehrt das Weinen,
am Morgen der Jubel ein.

7 Ich aber hatte gesprochen:
Ich wanke niemals,
8 Jahwe, in deiner Gnade hattest du meine Schutz-
burg hingestellt,
du verhülltest dein Antlitz,
ich war verstört.
9 Zu dir, Jahwe, ich rufe,
Flehe meinen Herrn um Güte.
10 Was ist mein Verstummen nutz,
mein Abstieg in die Gruft?
Lobt dich der Staub,
tut er deine Treue kund?
11 Höre, Jahwe, sei mir gnädig,
der Helfer sei mir.

12 Wandle meine Trauer in Tanz,
mein Sackgewand trenn auf
und gürte mich mit Freude,
13 auf das mein Herz dir singe und nicht verstumme.
Jahwe, mein Gott,
in die Zeit der Zeiten will ich dir danken!

25. Dezember 1977

Liebe zu Gott –
diese unglückliche Liebe!
Und das, obschon ich weiß,
(oder glaube)
daß sie erwidert wird –
er hat uns zuerst geliebt.
Diese Liebe ist so unglücklich,
weil sie von dem Geliebten
Schläge empfängt, Unliebe
erfährt,
die menschliches Denken
und Fühlen
als Gegenteil von Liebe
empfindet.
Unglücklich? Ach, ich hätte
ja nichts
gegen die Nackenschläge,
die er mir versetzt,
wenn ich nur wüßte, warum.
Liebe zu Gott – nur
Erfahrene wissen,
daß unglückliche Liebe die
seligste ist.

Bei dir bin ich sicher

PSALM 91

1 Wer im Versteck des Höchsten sitzt,
im Schatten Allwalts nächtigt,
2 der spricht zu Jahwe: Meine Bergung und Burg,
mein Gott, in dem ich sicher bin.

3 Ja, er entreißt dich der Falle des Fängers,
der alles verzehrenden Pest.
4 Mit seiner Schwinge deckt er dich zu,
unter seinen Flügeln bist du geborgen.
Schild und Wall ist seine Treue.
5 Du fürchtest dich nicht
vor dem Schrecken der Nacht
vor dem Pfeil, der fliegt des Tags,
6 vor der Pest, die im Dunkel umgeht,
vor dem Fieber, das wütet am hellichten Tag.
7 Fallen tausend dir zur Seite
zehntausend dir zur Rechten,
an dich gehts nicht heran.
9 Denn du Jahwe, bist meine Bergung,
du Höchster, gibst mir Heimat bei dir.

10 Kein Unheil stößt dir zu,
kein Schlag naht deinem Zelt.
11 Denn seinen Boten befiehlt er,
dich zu hüten auf all deinen Wegen.
12 Auf Händen tragen sie dich,
daß sich dein Fuß nicht stoße an einem Stein.
13 Du schreitest über Löwe und Natter,
trittst nieder Jungleu und Drachen.

14 Weil er an mich sich hängt,
rette ich ihn, ich schütze ihn,
denn er kennt meinen Namen.

15 Er ruft mich und ich erhöre ihn,
in der Drangsal bin ich bei ihm.
Ich mache ihn frei und verschaffe ihm Herrlichkeit.
16 Mit der Länge der Tage mach ich ihn satt,
schauen lasse ich ihn meine Rettung.

Wo sind wir? „Der Herr sprach zu Abraham: Zieh fort aus deinem Land ..., fort in das Land, das ich dir zeigen werde!" (Gen 12,1) Wo sind wir? Im Aufbruch? Schon unterwegs? Oder wähnen wir gar, schon in dem Land zu sein, das ER uns zeigen will? Haben wir den Ruf überhört? Oder gar nicht hören wollen? Vielleicht fühlen wir uns ganz wohl bei den Leuten von Ur in Kaldäa.

9. Januar 1978 Tod der Geliebtesten: Kann die Liebe nicht töten, die von den Getrennten nicht läßt? Wenn diese Liebe dem Menschen eignet – die Liebe über Tod und Trennung hinaus – wie wenig menschlich und zugleich wie wenig, ja gar nicht göttlich wäre die Liebe Gottes, wenn er mit dem Tod seine Geliebten einfach fallen ließe!
Wenn es im Wesen und Begriff menschlicher Liebe liegt, sich als Geliebte nicht entreißen zu lassen, noch sich von ihm zu scheiden ... über den Tod hinaus ihm verbunden zu bleiben – was wäre dann die Liebe Gottes, der die Liebe ist, wenn er den Geliebten ins Nichts fallen ließe?

Ich-bin-da

Bei dir sein

Psalm 27, 1–4

1 Von David.
Jahwe, mein Licht und mein Heil!
Vor wem mich fürchten?
Jahwe, Trutzburg meines Lebens!
Vor wem mich erschrecken?
2 Nahen Böswillige mir
um zu fressen mein Fleisch,
meine Bedränger und Feinde,
da stürzen und fallen sie schon!
3 Umlagert ein Heerlager mich,
fürchtet mein Herz sich nicht,
stellt eine Kriegsschar sich gegen mich auf,
auch dann bin ich getrost.
4 Eines hab ich gewünscht von Jahwe,
das ists, was ich ersehne:
Weilen dürfen im Hause Jahwes
alle Tage meines Lebens.

Wie erfahren die Psalmisten die Wirklichkeit Gottes?
Er ist da, er ist der Ich-bin-da-Gott. So hat er sich Mose aus dem brennenden Dornbusch zugesprochen. Genauer: „Ich bin da wo ich je bin" – das ist Daseinszusage an Israel, und „wo ich je bin" zugleich Vorbehalt der Freiheit. Ich habe das Stöhnen meines Volkes in Ägypten gehört. Ich bin gekommen, um es zu befreien.
Es gibt Orte seines Daseins: Das auf dem Berg Zion von Salomo im 10. Jahrhundert v. Chr. erbaute Heiligtum. Im Allerheiligsten ist der Ort seiner Gegenwart, sein „Wohnsitz", seine Ruhestatt, sein Thron. Über der Bundeslade, über den weitgespannten Flügeln der Kerube. Darum ist der Zion, der „heilige Berg", Jerusalem die „heilige Stadt", denn Jahwe ist ihr Mitinnen (Ps 46,6). Um der Präsenz der Gottheit willen wird das Heiligtum überschwänglich gepriesen: „Krone der Schönheit" (Ps 50,2), „Wonne der ganzen Welt" (Ps 48,3) „Bergung und Macht" (Ps 46,1), unantastbar, unverletzbar. Hier gewährt Jahwe, der König der Herrlichkeit seine Nähe, sein Da, den Menschen, die seine Hilfe brauchen, Verfolgten, die seinen Schutz, Kranken die Genesung, Angeklagten, die ihr Recht suchen und finden. Denn er ist da.

... daß ich dir danke

Psalm 43

[1] Sprich Recht mir, Gott!
Erstreite meinen Streit wider unholdes Volk,
den Männern der Tücke und Bosheit
laß mich entrinnen.
[2] Denn du, mein Gott, bist mein Bollwerk.
Warum hast du mich verstoßen,
warum geh ich trauernd einher
im Zwinggriff des Feindes?
[3] Sende dein Licht und deine Treue.
Die sollen mich leiten,
mich zu deinem heiligen Berg,
zu deinen Wohnungen führen,
[4] daß ich zu Gottes Opferstätte,
zum Gott meiner jauchzenden Freude komme,
und dir danke zur Leier, Gott, mein Gott!
[5] Was bist du gebeugt, mein Leben,
was tobst du in mir?
Harre auf Gott! Denn noch werde danken ich ihm,
meines Angesichts Rettung, meinem Gott!

In manchen Psalmen, die zur Gattung der Klagelieder des Volkes und des Einzelnen gehören, spricht JHWH durch den Mund einzelner, eines Priesters oder Kultpropheten sein richtendes und aufrichtendes Wort. Es geschieht, es ereignet sich etwas zwischen dem Ich-Bin-Da-Gott und den Menschen Israels – nicht nur in der dialogischen Beziehung von Anruf und Antwort – im Medium des Wortes.
„Laß dein Antlitz über uns leuchten!" ruft die Tempel-Kult-Gemeinde. Erscheine! Begehren wir wirklich seiner Theophanie?
„Von sich erscheint er strahlend, es kommt unser Gott und schweigt nicht, Feuer frißt vor ihm her, rings um ihn stürmt es gewaltig ... Höre mein Volk, ich will reden (Ps.50). Geschah dieses an die Sinaigeschichte erinnernde Geschehen real? Wurde es irgendwie durch eine mechanische Vorrichtung dargestellt? Oder war die Phantasie des Psalmdichters so genährt, so durchtränkt von der Erscheinung Jahwes am Sinai, daß sie erzeugte und zu sehen bekam, was sie erfüllte?
Auf diese Frage gibt es keine Antwort, nur Vermutung, Diskussion. Was hätten denn die Bibelwissenschaftler zu tun, wenn sie nichts mehr zu erfragen, zu forschen, zu phantasieren oder zu streiten hätten.

Wer darf kommen?

Psalm 24

1 Ein Psalm Davids.
Jahwes ist die Erde, und ihre Fülle,
das Festland und seine Saßen.
2 Denn er hat sie auf Meeren gegründet,
auf Strömen fest sie gefügt.
3 Wer darf steigen zum Berg Jahwes,
wer stehn an seiner heiligen Stätte?
4 Wer reiner Hände und lauteren Herzens,
wer nicht auf Falsch sein Sinnen richtet
und nicht zu Truge schwört.
5 Von Jahwe empfängt er Segen,
Heil von Gott, seinem Retter.
6 Die sind das Geschlecht derer, die ihm nachfragen,
derer, die dein Angesicht suchen, Gott Jakobs.
7 Hebt ihr Tore eure Häupter,
hebt euch hoch, ihr uralten Pforten!
Es komme der hoheitstrahlende König!
8 Wer ist der hoheitsstrahlende König?
Jahwe ists, der Starke und Held!
Jahwe ists, der Held im Kampf!
9 Hebt ihr Tore eure Häupter,
hebt hoch ihr uralten Pforten!
Es komme der hoheitsstrahlende König!
10 Wer ist der hoheitsstrahlende König?
Jahwe der Scharen!
Er ist der hoheitsstrahlende König.

21. Oktober 1972

Ich rufe: Wo bist du?
Wooo? hallt es dumpf aus
der Tiefe zurück.
Oder werfen das Echo die
Menschenwände?
Das „Du" hallt nicht wider,
vom Abgrund verschlungen
ins ewige Schweigen …

Gast in deinem Zelt

Psalm 15

[1] Ein Psalm Davids.
Jahwe! Wer ist zu Gast in deinem Zelt,
wer wohnt auf deinem heiligen Berg?
[2] Wer ungeteilt des Weges geht,
ins Werk das Rechte setzt,
wahr aus seinem Herzen redet.
[3] Den Lauf nicht seiner Zunge läßt,
nicht Böses seinem Freunde tut,
nicht Schmach auf seinen Nachbarn lädt;
[4] wer für verächtlich den Verworfenen achtet,
die Jahwe Fürchtenden ehrt;
wer vom Bösen sich abschwört,
nicht Erbitterndes tut;
[5] wer sein Geld nicht auf Zinsen darleiht,
nicht Bestechung gegen Schuldlose nimmt:
Wer dieses tut, wird nie wanken –
in Weltzeit nicht.

19. September 1971

Unter tausend Menschen ist
einer der betet,
sind zwei, die lieben,
drei die denken,
vier die arbeiten –
auf sie kommt es an …

Heim-Weh

Psalm 42

1 Dem Chorleiter. Ein Weisheitslied der Söhne
Korachs.
2 Wie eine Hinde lechzt an leeren Wasserrinnen,
so lechzt mein Leben nach dir, Gott.
3 Es dürstet nach Gott mein Leben,
nach Gott, dem Lebendigen.
Wann komme und schau ich
das Angesicht Gottes?
4 Mir wurden meine Tränen zur Speise Tag und
Nacht,
da man den ganzen Tag zu mir sagte:
– Wo ist nun dein Gott?
5 Daran muß ich denken,
muß mein Inneres ausschütten.
Denn ich zog in festlicher Menge zu Gottes Haus,
im Schall des Jubels und Danks,
im wallfahrtfestlichen Schwarm.

6 Was bist du gebeugt, mein Leben,
und tobst du in mir?
Harre auf Gott! Denn noch werde danken ich ihm,
meines Angesichts Rettung, meinem Gott!

7 Gebeugt ist mein Leben in mir,
darum gedenk ich dein vom Jordanland
und Hermon her, vom Berg Mizar.
8 Flut ruft Flut im Tosen deiner Wasserstürze.
All deine Brandungen und Wogen
wallen über mich her.

9 Am Tag späh ich nach Jahwe,
in der Nacht nach seiner Huld.
Singen will ich bei mir
ein Gebet zum Gott meines Lebens,

[10] will sprechen zu Gott, meinem Fels:
Warum hast du meiner vergessen,
warum geh ich trauernd einher
im Zwinggriff des Feindes
[11] In meiner Gebeine Qual hinein
höhnen meine Bedränger,
indem sie den ganzen Tag zu mir sagen:
– Wo ist nun dein Gott?

[12] Was bist du gebeugt mein Leben,
was tobst du in mir?
Harre auf Gott! Denn noch werde danken ich ihm,
meines Angesichts Rettung, meinem Gott.

16. Oktober 1973

Geliebt werden will, der selber der Liebende ist – Liebe um Liebe, „denn er hat uns zuerst geliebt" (1 Joh 4, 29). Verlangt es ihn also nach meiner Liebe, begehrt er sie, braucht er sie gar? Wenn es so um ihn stünde, daß er meiner Liebe bedürfte, es würde mir weich ums Herz, und ich könnte ihm meine Liebe nicht verweigern, so wie ein Bach aus dem Berg quölle sie aus einem Herzen hervor, das unterm Druck und Donner eines großen Gebotes zu Stein erstarrt war. Dann spräch ich in Liebe zu dir, vertrauend – vertraut, wie von Herz zu Herz fragte ich dich, nicht mehr empört, aber betrübt, ratlos, erschüttert von all dem Lebens- und Todesweh deiner Kreaturen, deiner geliebten Kreaturen, fragte, nein – frage ich dich: Wie ist dein Lieben zu denken, wenn es aussieht wie Haß?

Du hütest Leben

Psalm 121

1 Ein Wallfahrtslied.
Empor zu den Bergen erhebe ich meine Augen:
Woher kommt mir Hilfe?
2 Wird mir Hilfe von Jahwe,
der Himmel und Erde gemacht?

3 Nie wanken läßt er deinen Fuß,
nie schlummert dein Hüter!
4 Ja, nicht schlummert, nicht schläft der Hüter
Israels.
5 Jahwe ist dein Hüter,
Jahwe ist dein Schatten zu deiner Rechten.
6 Tags schlägt die Sonne dich nicht,
der Mond nicht bei der Nacht.

7 Jahwe dich behütet vor allem Bösen,
er hütet dein Leben.
8 Jahwe behütet dein Aus und Ein –
von jetzt die Zeit hinfort.

24. März 1979

Wenn Gott ist,
und wenn ein Mensch sein
Leben lang
die Wahrheit, die letzte, die
befreiende
und vielleicht erschreckende
Wahrheit,
die wahre Wahrheit,
die Wahrheit aller
Wahrheiten
sucht
und nichts als Wahrheiten
die Wahrheit selbst aber
und ihn, Gott, nicht findet,
wenn er also als Agnostiker
stirbt,
sein letzter Hauch eine Frage
nach ihm ist,
wird ihm das Suchen als Fin-
den angerechnet werden?

Erinnerung

Psalm 126

1 Ein Wallfahrtslied.
Als Jahwe Zion die Wendung zuwandte,
waren wir wie Träumende.
2 Damals – war voll des Lachens unser Mund,
unsere Zunge voll Jubels.
Damals – hieß es unter den Völkern:
Großes hat Jahwe an denen getan.
3 Großes hat Jahwe an uns getan:
In der Freude waren wir!

4 Jahwe, wende du doch die Wendung uns zu
wie den Bachbetten des Südlandes!
5 Die säen in Tränen,
ernten in Jubel:
6 Da geht er, geht weinend dahin
und trägt den Beutel mit Samen.
Kommen wird er, kommen in Jubel
und tragen seine Garben!

7. April 1976

Das Schlimmste, was einer Wahrheit passieren kann, ist ein Gemeinplatz zu werden.

8. April 1976

„Die Wahrheit wird euch frei machen" – ja, aber ich sage hinzu: Die Freiheit wird euch wahr machen.

Mein rettender Gott

PSALM 18

1 Dem Chorleiter. Von David, dem Knecht Jahwes,
der Jahwe die Worte dieses Liedes sang,
am Tag, an dem ihn Jahwe von all seinen Feinden
und aus der Hand Sauls rettete.
2 Er sagte: Herzinnig hab ich dich lieb,
Jahwe, du meine Stärke.
3 Jahwe mein Fels, meine Trutzburg,
mein Heraushelfer du.
Mein Gott ist mein Fels, bei dem ich mich berge,
mein Schild und mein rettendes Horn,
meine Burgflucht, gepriesen!
4 Ich rief Jahwe
und ward vor meinem Urfeind gerettet.

5 Mich umwallten Wogen des Todes,
Sturzbäche des Verschlingers umschauderten mich,
6 die Stricke der Abwelt umwandelten mich,
von vorn nach mir schnappten die Fallen des Todes.
7 In meiner Angst rief ich Jahwe,
zu meinem Gott ich schrie –
er hörte meine Stimme von seiner Halle her,
mein Schreien ihm ins Angesicht –
es kam zu seinen Ohren.
8 Da schüttert, da rüttelt die Erde,
die Sockel der Berge erbebten,
wurden erschüttert, da es lohte in ihm.
9 Qualm aus seiner Nase quoll,
Feuer aus seinem Munde fraß,
Kohlen glühten von ihm.

10 Und er bog die Himmel seithin und fuhr hernieder,
Wetterschwarz unter den Füßen,
11 und er ritt auf dem Kerub und flog heran,
und da schwebt er auf dessen gespreiteten Flügeln.

12 Finsternis legt er zum Versteck um sich her,
zur Hütte wäßriges Finster, Ballen von Wolken.
13 Aus dem Glanz vor ihm her
fuhren wallend die Wolken,
Hagel und feurige Kohlen.

14 Und da donnert vom Himmel Jahwe,
gibt Laut seiner Stimme der Höchste
– Hagel und feurige Kohlen –
15 da schmiedet er seine Pfeile und schießt sie
herum,
macht Blitze gar viele, jagt wirr sie umher.
16 Und da wurden sichtbar die Betten des Meeres,
entblößt die Sockel des Festlands bei deinem
Anbrüll Jahwe,
beim Sturmschnaub deiner Nase.

17 Hochherab langte, packte er mich,
zog mich aus vielen Wassern empor,
18 entriß mich meinem mächtigen Urfeind,
meinen Urhassern, die mir übergewaltig.
19 Sie schritten mir voran am Tag meines Hinschlags,
doch Jahwe ist mir eine Stütze geworden,
20 hat mich hinaus in das Weite geführt,
heraus mich gerissen, da er Lust hat an mir.

21 Jahwe lohnt mir nach meiner Gerechtheit Maß,
nach der Reinheit meiner Hände
gibt er mir zurück.
22 Denn gewahrt hab ich die Wege Jahwes
und nicht, meinen Gott verwünschend, gefrevelt.
23 Denn all seine Rechte sind mir vor Augen,
ich ließ seine Gesetze nicht weichen von mir.

24 Und vollbewährt ward ich bei ihm,
bewahrt habe ich mich vor Verschulden bei ihm,
25 Und zurück hat Jahwe mir gegeben
nach meiner Gerechtheit Maß,
nach der Reinheit meiner Hände vor seinen Augen.
26 Mit dem Treuen zeigst du dich treu,
mit dem Mann, der vollbewährt,
bist du der Vollbewährte,
27 mit dem Geläuterten bist du lauter,
aber mit dem Krummen bist du der Gewundene.
28 Ja du, der Starke, rettest den Unterdrückten,
senkst hochmütige Augen.
29 Ja, du bists, der mir leuchtet.
Jahwe, mein Gott, durchglänzt meine Finsternis.
30 Ja, mit dir renn ich die Mauer an,
mit meinem Gott erspring ich den Wall.

31 O Gott, des Weg vollbewährt!
Jahwes Geheiß ist ausgeschlackt.
Schutzherr aller, die sich bergen an ihm.
32 Ja, wer ist da Gottheit außer Jahwe,
und wer ist da Fels, neben unserem Gott?
33 Dem Gott, der mit Kraft mich gegürtet,
Schenkender du, dessen Weg vollbewährt,
34 der gleich denen der Hirsche meine Beine
gemacht,
mich auf seine Höhen gestellt,
35 der meinen Händen den Kampf gelehrt,
den wundersamen Bogen
in den Arm mir gesenkt.
36 Und du hast deinen rettenden Schild mir gegeben,
mit deiner Rechten hast du mich gestützt,
durch dein Herabneigen groß mich gemacht.

37 Ins Weite hast du meine Schritte geführt,
meine Gelenke schlottern nicht.
38 ich jagte meine Feinde und holte sie ein,
ich kehrte nicht um, eh ich sie vernichtet.
39 Ich schlug sie nieder, sie kommen nicht auf,
sie fallen mir unter die Füße.

40 und du hast mich mit Kraft zum Kampfe gegürtet,
die gegen mich aufstehn, geduckt unter mich,
41 meiner Feinde Nacken mir hingegeben,
und ich habe meiner Hasser getilgt.
42 Sie schreien, doch da ist kein Retter,
der Höchste, Jahwe – ihnen antwortet er nicht.
43 Und ich zerreibe sie wie Staub auf dem Platz,
zerstampfe sie wie Dreck in den Gassen.

44 Entrinnen läßt du mich aus den Fehden der
Stämme,
zum Haupt von Völkern hast du mich gesetzt,
Stämme, ich kannte sie nicht –
Knechte sind sie mir geworden.
45 Auf Hörensagen gehorchten sie mir,
Fremdlands Söhne schmeichelten mir,
46 Fremdlands Söhne erschlafften,
kommen aus ihren Schlössern geschlottert.

47 Jahwe lebt, gepriesen mein Fels!
Erhöht mein rettender Gott!
48 Der Gott, der mir Rächermacht gab,
Stämme ließ er unter mir buckeln,

49 der vor meinen Urfeinden mich geschont –
über die gegen mich aufstehen,
wirst du mich erhöhen,
Gewaltmenschen entreißest du mich.
50 Darum preise ich dich bei den Völkern
und besing deinen Namen, Jahwe,

51 der groß macht seinen König durch rettende Taten,
und Huld erweist seinem Gesalbten:
David und seinem Gesproß die Zeit hin fort und fort.

28. Oktober 1977

Ich kann von mir nicht
sagen, daß ich an „Gott"
glaube, noch daß ich nicht
glaube.
Ich kann nur sagen,
daß ich suche.

1. Oktober 1971

Glaube heißt: Wie ein
Ertrinkender um ihn
kämpfen.

Singt neue Lieder

Sich freuen am Mensch-Sein
Dich, Gott, loben
Deine Wunder erzählen
Das Lied der Schöpfung mitsingen
Jauchzen und jubeln
Hoffen und harren
Künden deine rettende Tat
Seit urher: Du
Alles, was atmet, preise …

Sich freuen am Mensch-Sein

Psalm 8

1 Dem Chorleiter. Nach dem Kelterlied.
Ein Psalm Davids.
2 Jahwe, unser Herrscher,
wie hehr ist dein Name im All der Erde!
Der du an die Himmel gesetzt deinen Glanz,
3 aus der Kinder und Säuglinge Mund
hast eine Macht du gegründet
um deiner Widersacher willen,
stillzuhalten Feind und Rächer.
4 Wenn deine Himmel ich schaue,
das Werk deiner Finger,
Mond und Sterne, die fest du gestellt,
5 was ist der Mensch, daß seiner du denkst,
der Adamsohn, daß seiner du achtest!
6 Und ihn machtest du wenig geringer als Gott:
Mit Herrlichkeit hast du und Pracht ihn gekrönt,
7 hießest ihn walten des Werks deiner Hände,
hast das All ihm zu Füßen gelegt:
8 Schafe und Rinder allsamt,
auch des Feldes Getier,
9 des Himmels Vögel,
des Meeres Fische,
was wandert die Pfade der Meere.
10 Jahwe, unser Herrscher,
wie hehr ist dein Name im All der Erde!

15. November 1975

Warum sitzt du so verbissen da? Siehst du es nicht, – das große Licht, von dem ich sagte, es sei dir in deinem Traum aufgegangen? Spürst du es nicht, wer sich dir und dir dich selbst zu erkennen gibt?

Ohne Datum
Über die Namen der Dinge
hinaus,
über die Sprache hinaus,
über die Wissenschaft
hinaus,
über die Begriffe hinaus
in die Fremde,
wie Abraham.

Dich, Gott, loben

PSALM 75

1 Dem Chorleiter. Nach der Weise: „Verdirb nicht.“
Ein Psalm Asafs. Ein Lied.

2 Wir loben dich, Gott, dich loben wir!
Nah ist dein Name denen, die deine Wunder
erzählen.
3 Ja, ich ergreife die Frist,
ich richte in Geradheit.
4 Mag wanken die Erde und all ihre Saßen,
ich, ich gründe fest ihre Pfeiler.
5 Ich sage den Tollen: Treibt es nicht toll,
den Frevlern: Erhebt nicht das Horn,
6 erhebt nicht so hoch eure Hörner,
sprecht nicht mit hochgerecktem Hals!
7 Denn nicht vom Aufgang und vom Abend her,
nicht von der Wüste kommen die Hohen.
8 Nein, Gott ist Richter:
Den erniedrigt und den stellt er hoch.

9 Denn ein Becher ist in der Hand Jahwes,
es schäumt der Wein, Gewürzes voll,
draus flößt er ein seine Hefe
schlürfen müssen ihn alle Frevler der Erde.
10 Ich aber künde hinein in die Zeit:
Ich will singen dem Gott Jakobs.
11 Und alle Hörner der Frevler zerhaue ich,
erheben will ich das Gehörn der Gerechten.

In der Wüste wandernd
aus der Tiefe schreiend
suche ich dich:
den lebendigen Gott
Nichts sehend
als das Antlitz des
Universums
nichts hörend
als die Stimme des Abgrunds –
bis jetzt und hier
„in Finsternis und
Todesschatten“
wie lange noch?

Deine Wunder erzählen

PSALM 9

Es ist nicht der Mensch, der Gott auf den Pfaden der Erkenntnis sucht und findet. Gott ist's, der den Menschen aufsucht, zu ihm kommt, ihn anspricht, ihm begegnet. Die biblischen und auch alle nachbiblischen Berichte reden von seinem Kommen, Sichzeigen, Erscheinen, von seinem Je-Da-Sein, von einem Dort oder Hier, einem Damals oder Jetzt von seiner Ankunft und Anwesenheit.

1 Dem Chorleiter. Nach „Stirb für den Sohn".
Ein Psalm Davids.

2 Preisen will ich dich, Jahwe, mit ganzem Herzen,
erzählen will ich all deine Wunder.
3 Freuen will ich mich, aufjauchzen zu dir,
besingen deinen Namen, o Höchster!
4 Wenn sich rückwärts meine Feinde kehren,
hinstürzen, hinschwinden vor dir.
5 Schaff Recht mir und Urteil,
sitz auf den Thron, gerechter Richter,
6 schilt die Völker,
laß schwinden die Frevler,
ihre Namen lösch aus,
für immer und immer!
7 Der Feind –
fertig seien sie, Trümmer hinfort,
jäte aus ihre Götter,
schwind ihr Gedenken!

8 Seht, Er ist Jahwe,
der besetzt hat von urher,
gefestet seinen Thron zum Gericht.
9 Er, der den Erdkreis in Gerechtigkeit richtet,
den Nationen urteilt in Geradheit.
10 Er, Jawe, werde zur Fluchtburg der Nieder-
gedrückten,
zur Fluchtburg in Zeiten der Drangsal,
11 Und in dir sollen sicher sich wissen,
die kundig sind deines Namens!
Und du läßt sie nicht im Stich,
die dir nachfragen, Jahwe.
12 Besingt Jahwe, den Thronsaß von Zion,
unter den Völkern verkündet seine Taten!

13 Denn er fragt den Trauernden nach,
gedenkt ihres Klagens,
vergißt nicht den Schrei der Niedergedrückten.

14 Sei gütig zu mir, Jahwe,
sieh an, wie gedrückt ich bin von meinen Hassern,
heb mich empor von den Toren des Todes,
15 daß ich all deine Ruhmwürdigkeiten
erzähle, in Tochter Zions Toren,
umjuble deine befreiende Tat!
16 Hinschwinden sollen die Völker
in den Schacht, den sie schufen,
in dem Netz, das sie heimlich gelegt,
soll sich fangen ihr Fuß!
17 Kund tue sich Jahwe,
er halte Gericht.
Der Frevler verstricke sich
im Werk seiner eigenen Hände.

18 Zur Abwelt sollen die Frevler sich kehren,
all die Völker, die Gott vergessen!
19 Denn nicht für immer wird vergessen der Arme,
die Hoffnung der Gedrückten schwindet nicht auf
Weltzeit hin.
20 Steh auf, Jahwe!
Nicht soll der Mensch den Starken spielen,
gerichtet werden sollen die Völker vor deinem
Angesicht!
21 Versetze, Jahwe, sie in lähmenden Schreck,
erkennen sollen die Völker,
daß nur Menschen sie sind.

Keiner der biblischen Berichte spricht davon, er sei gekommen, um den Angeredeten die Wahrheit aufzutun, daß er allein Gott ist und keiner sonst. Keine seiner Offenbarungen lautet als Zuspruch dieser Wahrheit, noch als Anspruch, sie Für-wahr-zu-Halten. Um es in den häßlichen Ausdrücken der Fachsprache zu sagen: Er offenbart sich nicht, um den „Monotheismus“ als Wahrheit und den Polytheismus als Unwahrheit zu enthüllen.

Das Lied der Schöpfung mitsingen

Psalm 19,1–7

1 Dem Chorleiter ein Psalm Davids.
2 Die Himmel erzählen die Herrlichkeit Gottes,
das Werk seiner Hände kündet die Wölbe;
3 Tag dem Tage Wort zusprudelt,
Nacht der Nacht Erkenntnis raunt.
4 Ohne Red und ohne Worte,
unhörbar ist ihr Gelaut.
5 In alles Land fährt aus ihr Schall,
ans End des Erdrunds ihr Sagen.
Der Sonne hat er aufgestellt ein Zelt in ihm –
6 wie ein Bräutigam fährt sie aus ihrer Kammer,
jauchzt wie ein Held im Laufen die Bahn:
7 Vom End der Himmel fährt sie aus
und ihre Kehr an deren Säumen.
Und nichts sich birgt vor ihrer Glut.

15. Mai 1974

Ad te de luce vigilo – Erwachen in der Frühe … von der Sonne durchschimmertes, matt silbernes Licht, durchlichteter Dunst über den sattgrünen Wiesen und den hohen Eschen. Schönheit, Stille, Wärme, Frieden. Physikalisch gedacht: ein im tagnächtlichen Dreh des Planeten eintretender Effekt – das Ansich eines Geschehens, eines atomarisch und molekularen Prozesses, der auf die Zellen der lebenden Wesen wirkt, aber vom Menschen bewußt und fühlend erfahren wird, von den Tieren, Vögeln, Eichhörnchen, allem Wild vielleicht als Freude, als Glück. Einige Augenblicke fühlt sich das Sein auf der Erde wie Heimat an.

Jauchzen und jubeln

Psalm 98

[1] Ein Psalm.
Singt Jahwe einen neuen Sang,
da Wundersames er getan:
Sieg errang ihm seine Rechte,
sein heiliger Arm.
[2] Seinen Sieg tat kund Jahwe,
den Augen der Völker enthüllt er sein Heil.
[3] Er dachte seiner Huld und Treue
zum Hause Israel.
Es sahen die Erdgrenzlande alle unseres Gottes Sieg.

[4] Jauchzt Jahwe, ihr Länder der Erde!
Seid fröhlich, jubelt, spielt auf!
[5] Spielt Jahwe mit der Leier,
mit Leier und hallendem Spiel,
[6] mit Posaunen und hallendem Horn
jauchzt vor dem Antlitz des Königs Jahwe!

[7] Das Meer erdröhne samt seiner Fülle,
das Festland samt seinen Saßen.
[8] In die Hände klatschen sollen die Ströme,
die Berge jubeln allzumal
[9] vor dem Angesicht Jahwes, da er kommt –
die Erde zu ordnen.
Er ordnet die Welt nach Maß.

Die Wirklichkeiten sind mir begegnet, die das Leben des Menschen von Grund auf tragen und bestimmen. Natur, Himmel, Erde, Geburt, Tod … Es ist, als ob ich diese alleralltäglichsten Realitäten entdeckt hätte – sie, die immer geschehen, wie zum ersten Mal sehen … Sie sind neu über mich hereingebrochen … Meine Sinne und mein Sinnen überwältigend … nur mehr Auge und Ohr für diese Ur-Grundwirklichkeiten.

Hoffen und harren

Psalm 130

[1] Ein Wallfahrtslied.
Aus Tiefen rufe ich dich, Jahwe:
[2] Jahwe, hör doch meine Stimme!
Dein Ohr sei hingehalten
zur Stimme meines Flehens!
[3] Wenn du Verschuldungen wolltest bewahren,
Jahwe,
Herr, wer würde bestehn?
[4] Doch bei dir ist Vergebung,
daß du gefürchtet werdest.
[5] Ich hoffe, Jahwe,
es hofft meine Seele,
und auf sein Wort ich harre.
[6] Auf den Herrn harrt meine Seele –
mehr als der Wächter auf den Morgen –
mehr als der Wächter auf den Morgen,
als Wächter auf den Morgen.
[7] Israel, harr auf Jahwe!
Denn bei Jahwe ist Huld,
und groß bei ihm das Erlösen.
[8] Ja, er wird Israel lösen
aus all seinem Verschulden.

30. Dezember 1973

Seele
meine Seele –
mein Ingrund
fern mir
und fremd.

Verloren in
Fleisch und Blut
wohnst du
wesest du
wo?

Nahe
wohnst du den
dunkelsten Wassern und
atmest den
Abgrund

Wartest auf
weißt du denn
wen?

Künden deine rettende Tat

PSALM 96

4. Januar 1974
Ich habe das große Haus verlassen, es zog mich in den nächtlichen Vorhof hinaus, hier ließ ich mich nieder, ich zelte. Die Nacht schweigt tief. Über meinem Zelt die Sterne, Abermillionen Sterne, schön und schrecklich, und schweigen in sich hinein, als wüßten sie nichts …
Wie still es hier ist! Nur die Psalmen, fernwo verhallend, und ein Hörensagen, raunend, sehr leise, manchmal ein Aufschrei mich schreckend und ich lausche wie Wild auf der Lauer, und meine Augen schweifen nomadisch … Vorhof – Zelt – „Theologie?" Abbruch! Auf! Ich muß weiter! Das Heiligtum! Die Stätte! Ich finde sie nicht, es sei denn, DU riefest mich hin. Wenn du bist, wenn du bist, komm, komm!

1 Singe Jahwe einen neuen Sang,
singt Jahwe all ihr Lande.
2 Singt Jahwe, sprecht segenmächtig seinen Namen,
kündet von Tag zu Tag seine rettende Tat.
3 Bei den Völkern macht seine Herrlichkeit kund,
seine Wunder bei allen Nationen.

4 Ja, groß ist Jahwe und hoch zu rühmen,
zu fürchten nur er über allen Göttern.
5 Denn: alle Götter der Völker – nur Nichtse,
Jahwe aber hat die Himmel geschaffen.
6 Hoheit und Glanz vor ihm her,
Macht und Pracht in seinem Heiligtum.
7 Jahwe sprecht zu eigen, ihr Sippen der Völker,
Jahwe zu eigen Ehrenwürde und Macht.
8 Tragt Gaben herbei und kommt in seine Höfe,
Jahwe zu eigen die Hoheit seines Namens.
9 Dem Herrn werft euch nieder im Aufschein der Heiligkeit.
Erschaudert all ihr Lande vor seinem Angesicht.
10 Sagt an bei den Völkern: Jahwe ist König!
Ja: festgefügt steht, ohne Wank die Welt.
Nach Billigkeit spricht er das Urteil den Völkern.
11 Der Himmel sich freue, die Erde jauchzt,
es dröhne das Meer samt seiner Fülle.
12 Heiter sei das Gefild mit all seinem Gesproß,
alle Bäume des Waldes frohlocken
13 vorm Angesicht Jahwes, da er kommt,
da er kommt, die Erde zu ordnen
Er ordnet die Welt nach Recht,
die Völker nach seiner Treue.

Seit urher: Du

Psalm 93

[1] Jahwe ist König. Mit Hoheit hat er sich gewandet,
mit Kraft hat Jahwe sich gegürtet.
Gar fest ward gegründet der Erdkreis,
nie wird er wanken.
[2] Fest steht dein Thron seit je,
von urher bist du.
[3] Ströme erhoben sich, Jahwe,
Ströme erhoben ihr Tosen.
Ströme erheben ihr Brausen.
[4] Tosen gewaltig die vielen Wasser,
sind herrlich die Brecher des Meeres,
herrlicher in der Höhe Jahwe.
[5] Deine Bezeugungen
sie sind gar bewährt,
bewährt sind sie sehr,
Heiligkeit ziemt deinem Hause,
Jahwe, für die Dauer der Zeiten.

11. März 1973

Es tönt im All. Das Leben singt sich in den Morgen – „das Leben". Aber was ist das – das Leben und was bricht daraus tönend hervor? Singt nicht der Gott – GOTT –, der in allem lebt, aus der Kehle dieser Geschöpfchen ein Morgenlied von Lust und – ich hör es – auch Tod? Hört er sich selbst? Oder ist das alles nur ein Geschehen außer und abseits von ihm? Die Frage stürzt auf mich nieder und krallt sich in mich wie ein Raubvogelgriff.

Alles, was atmet, preise …

Psalm 150

1 Halleluja! Preist Gott in seinem Heiligtum,
preist ihn am Gewölb seiner Macht.
2 Preist ihn in seinen Gewalten,
preist ihn in seiner Erhabenheit Fülle.
3 Preist ihn mit dem Stoß der Posaune,
preist ihn mit Harfe und Leier.
4 Preist ihn mit Pauke und Tanz,
preist ihn mit Saiten- und Flötenspiel.
5 Preist ihn mit Zimbelschall,
preist ihn mit Zimbelgeschmetter.
6 Alles, was atmet, preise Jahwe,
Halleluja.

Der Löwenzahn blüht über
die Wiesen weithin,
flutendes Licht und
strömende Farbe,
bis an das Ufer des dunkel
wogenden Waldes
Das Unsagbare feiert in
tiefer Stille.
Glanz deiner Schönheit,
o Herr,
mir blendend die Augen,
und trunken taumelnd die
Sinne.
Aber, am Rand des Feld-
wegs, im Sand
die winzige Höhle des
Ameisenlöwen,
die Höhle des Drachen,
tötenden Lebens lauernde
Lust.
„Wie herrlich leuchtet mir
die Natur" –
Wie riesig die Welthöhle
gähnt.
Und dich seh ich dahinter,
ich kann es nicht lassen,
das Furchtbare fühl ich
nah …
Ich weiß nicht, Schrecklicher,
warum ich dich liebe.

Register